LÉON ROSSIGNOL

# LETTRES
### D'UN
# MAUVAIS JEUNE HOMME
## A SA NINI

AVEC UNE PRÉFACE

## D'AURÉLIEN SCHOLL

PARIS
ACHILLE FAURE, LIBRAIRE-ÉDITEUR
23, Boulevard Saint-Martin, 23
1866
TOUS DROITS RÉSERVÉS

# LETTRES

D'UN

# MAUVAIS JEUNE HOMME

## A SA NINI

Paris. — Imp. Dupray de la Mahérie, 5, impasse des Filles-Dieu

LÉON ROSSIGNOL

# LETTRES
D'UN
## MAUVAIS JEUNE HOMME
A SA NINI

AVEC UNE PRÉFACE

D'AURÉLIEN SCHOLL

PARIS
ACHILLE FAURE, LIBRAIRE-ÉDITEUR
23, Boulevard Saint-Martin, 23
1866
TOUS DROITS RÉSERVÉS

## A COMMERSON

Cher maître,

A vous ces quelques pages insensées qui ont paru, pour la première fois, dans le journal que vous dirigez avec tant de succès depuis bientôt trente ans, et dans lequel ma prose a appris à affronter ce grand enfant gâté qui s'appelle le public!

A vous ce témoignage de mon amitié et de ma reconnaissance.

*L. R.*

25 mai 1866.

# PRÉFACE

Si l'auteur de ce livre ne m'eût pas demandé d'y glisser une modeste préface pour le recommander à l'attention de mes amis, je n'aurais pas moins attendu cette publication avec autant d'intérêt que de curiosité.

Il est certain que la langue française subit une transformation, et que les fantaisies d'une jeunesse littéraire, qui a droit à une partie de l'attention publique, entrent pour beaucoup dans la formation du nouveau langage.

L'argot enrichit tous les jours notre vocabulaire usuel, en attendant qu'il enrichisse la grammaire que Noël et Chapsal avaient appauvrie.

Le langage parisien, qui a si bien servi l'auteur de la *Famille Benoiton* et aussi l'auteur du *Fils de Giboyer*, représente une marée bienfaisante qui, en se retirant, laisse de précieuses alluvions.

Certaines expressions populaires, plus vives, plus imagées que les circonlocutions académiques, ont conquis aujourd'hui le monde le plus raffiné.

L'argot, parti de Belleville, a envahi le salon. Le salon *épaté* a vainement tenté de résister; la duchesse *a pu se fouiller*, et voyant qu'elle manquait de mots pour exprimer certaines choses et décrire certains actes, elle a pris le parti d'adopter bravement les richesses que lui jetait le peuple.

Voyez quelle effervescence autour du nouveau langage; il a déjà ses dictionnaires signés Alfred Delvau et Lorédan Larcher; quelques jours encore, et, à côté de la grammaire française, un éditeur vendra la *grammaire parisienne* avec le fameux verbe : *Je dors, tu pionces, il roupille, nous cassons notre canne, vous piquez votre chien, ils tapent de l'œil.*

Après les études de M. Renan sur les langues sémitiques, nous aurons les recherches de M. Commerson sur la langue verte.

« Les langues sémitiques ont eu, dit Renan, dans l'histoire de la philologie, cette singulière destinée que, d'un côté, à une époque fort ancienne, elles ont suggéré la méthode comparative aux savants qui les cultivaient, et que, d'un autre côté, lorsque cette méthode est devenue un puissant instrument de découvertes, *elles sont entrées pour peu de chose dans le mouvement nouveau qui allait régénérer la linguistique.* »

En effet, l'imagination nouvelle se préoccupe peu des racines ; elle forge ses mots d'après les idées et surtout d'après les couleurs.

Que nous font, après cela, le mémoire de M. Lassen sur l'ethnographie de l'Asie mineure ;

Les travaux de M. Spiegel sur le pehlvi et sur les rapports entre le monde sémitique et le monde iranien ;

Les profondes recherches de M. Chwolsohn sur les Sabiens ;

Le mémoire de M. Osiander sur les inscriptions himyarites ;

Ou enfin l'excellente grammaire éthiopienne de M. Dillmann !

Les *Lettres d'un mauvais jeune homme* sont

empreintes d'une indépendance d'expression, d'un sans-souci de l'Académie qui charmeront tous ceux qui s'intéressent à l'avenir de la *langue parisienne*.

La fantaisie de l'auteur, l'énergie satirique et la violence d'ironie qu'il déploie, font de son livre une des manifestations les plus curieuses de ce temps.

Comme le *Tintamarre*, ce journal étrange qu'il est impossible de comprendre à cinquante mètres au delà des Batignolles, l'ouvrage de Léon Rossignol soulèvera l'étonnement des provinces ; on n'y comprendra pas l'importance de cette tentative !

Qu'on n'oublie pas que M. Prévost-Paradol, ayant à répondre à un bruit mensonger répandu par les journaux de Paris, a choisi le *Tintamarre* pour publier la rectification qu'il voulait faire.

Et qui sait ? le jour viendra peut-être où les *Lettres d'un mauvais jeune homme*, approuvées par le conseil national de l'Instruction publique, se réciteront dans les colléges.

On ne reprochera plus son excessive pauvreté à la langue française ; on racontera comment, au XIX$^e$ siècle, l'argot est venu l'enrichir et la renouveler. « A cette époque, dira le maître, vivait un poëte, nommé Léon Rossignol, et comme Pétrarque s'inspira de Laure, Léon Rossignol s'inspira de Nini ! »

AURÉLIEN SCHOLL.

# LETTRES

#### D'UN

## MAUVAIS JEUNE HOMME

#### A SA NINI

I

Château-Thierry, 11 septembre 1864.

Ma chère Nini,

En allant demain, selon ta déplorable habitude, risquer chez M. Bullier quelques-uns de ces pas hardis qui font rougir jusqu'aux casques des municipaux et qui ont inspiré plus d'une fois à M. La Bédollière ces tartines filandreuses et humanitaires que ta tante ne manque jamais d'avaler chaque matin avec son café au lait, fais-moi le plaisir de passer rue Coq-Héron, nº 5, à côté de la Caisse d'épargne, au premier, au-dessous de cette vieille idiote de *Gazette de France*. Tu frapperas, à la porte du cabinet de rédaction du *Tintamarre*, trois petits coups secs, en criant à haute et intelligible voix : De la part de M. Havin! et l'on t'ouvrira.

Là, tu trouveras entre les bras d'un fauteuil en acajou et maroquin vert, un homme jeune encore, au sourire peu gracieux, à la figure avenante, au regard franc, une calotte de velours orange sur l'occiput, et des jaunets, que tu aimes tant, plein le tiroir de son bureau. Cet homme, une des physionomies les plus accentuées de notre époque, un des types les plus curieux de la littérature contemporaine, c'est Commerson, mon rédacteur en chef, celui auquel tu dois la robe blanche que j'ai chiffonnée cet été à Ville-d'Avray et les dix numéros du *Grand Journal*, dans lesquels tu as cru devoir envelopper mes trois chemises et mes deux gilets de flanelle. Sois convenable avec lui; s'il te dit du mal du *Figaro* et du *Nain Jaune*, écoute-le avec respect, et quand il t'aura bien rasée, tu lui remettras ce vilain griffonnage, et tu le verras sourire.

C'est ce que nous appelons de la copie.

Hein, quelle veine pour toi, quel honneur, et comme ma Nini va poser dimanche prochain, quand les habitués du café Charles lui liront imprimées en beaux caractères ces lignes folichonnes, à elle toute seule adressées et écrites, tout comme Edmond About en envoyait à sa cousine Madeleine, du fond d'une petite ville de province! Avec ces gens-là, par exemple, je te permets d'être canaille, et si quelque cabotine ou quelque cabotin t'offre un petit verre de vieille ou une absinthe, n'accepte pas. Derrière l'absinthe, derrière le petit verre, il y aura une grosse canaillerie; on te dira : « Vous qui êtes si bien avec Rossignol, un charmant garçon, du reste, priez-le donc de dire du bien de moi dans son journal; ce n'est pas pour moi, mais pour ma famille. »

Tu vois ça d'ici, n'est-ce pas? Mieux que personne tu sais que je ne mange pas de ce pain-là... — adresse-les donc à M. Anatole Cerfbeer, ça rentre dans ses attributions.

Si tu savais, mon bébé, comme je suis heureux ici, comme je respire un bon air, comme je vis une bonne vie, comme je mange de bonnes prunes et de la bonne viande, comme je bois du bon vin blanc qui me fait penser à toi et à tes deux pruneaux! Le jour, je chasse; j'ai déjà tué un rale et une caille, juge un peu. Le soir, je taille un léger écarté avec quelques braves gens qui ne connaissent pas du tout Adrien Marx et qui, lorsqu'on leur parle de M. de Villemessant, vous demandent si ce n'est pas le même qui a donné à Flon la recette de son sirop. Ce genre de vie trop calme a bien son mauvais côté; les prunes ont bien leur inconvénient, mes joueurs une conversation inepte, mais je me console en pensant que je te reverrai dans

quinze jours et que tu regazouilleras à mes oreilles ton éternelle phrase : « Quand irons-nous voir jouer M. Dumaine? » Alors je te répondrai, la main dans la main, les lèvres sur tes lèvres empreintes: «Il pleut!...»
— Tu sais ce que cela veut dire, et tu attendras encore longtemps cet heureux moment, à moins que Nestor Roqueplan, pour lequel tu me menaces de me quitter, ne te paye ton loyer, et, par suite, en un jour de bonne humeur et de bonne copie, deux stalles pour la Gaîté.

J'ai rencontré ici quelqu'un qui te connaît bien, va, quelqu'un qui m'a rappelé nos mauvais jours du quartier Latin, alors que je rédigeais des faits divers pour le *Constitutionnel* et que tu repassais les faux-cols de ces messieurs de la rédaction. C'est Durenflart; il est pharmacien, marié, père de deux gros moutards, deux frères Lyonnet qui ne chantent pas les chansons de M. Nadaud, mais qui m'ont salué du cri de : *Voilà Lambert!*

Durenflart est bien changé, je t'en réponds. Il m'a demandé de tes nouvelles, et quand je lui ai dit que tu m'aimais toujours comme les glaces panachées et les romans de Paul Féval, il a paru très-étonné et a voulu me donner à entendre qu'il était temps de changer de conduite et de te lâcher. Je l'ai renvoyé à une potion qu'il avait daigné quitter pour moi, et je l'ai appelé gâteux. Tu vois que nous ne sommes pas faits pour la province, mon pauvre bébé, nous ne sommes pas assez mûrs pour les Durenflart. Espérons que ça ne viendra jamais, jamais.

A propos, si tu vois à Bullier M. Janicot ou M. Buloz, prie-les donc de m'envoyer ici quelques numéros de leurs carrés de papier; même recommandation pour MM. Millaud et Silvestre; je trouverai bien là-dedans quelque bon éreintement pour la semaine prochaine, et Commerson ne chômera pas. Sous aucun prétexte, je ne veux que tu m'écrives; tes fautes d'ortographe et ton français de la rue Antoine m'agaceraient les nerfs, troubleraient mes digestions. Et puis, ta missive se terminerait indubitablement ainsi : *Je te diré que cé demin le jour de la blanchiseusse et qu'il n'i a pas un sout à la méson.*

Tu trouveras en cherchant bien, dans une vieille bottine à toi, au fond de l'armoire, un article de trente lignes, intitulé : *Le vieux jeu*, envoie-le au journal jeudi avant midi par ta concierge.

Bien des choses à Edmond, à Berthe, à Maria, à Louis, au père Langlois et à M. Gaspari.

Je t'embrasse tout plein et puis encore.

## II

Aï en Champagne, 2 novembre 1864.

Beau Bébé,

M'y voici, et je ne m'y amuse pas du tout. J'ai peut-être eu tort de ne pas rester à Paris; j'ai peut-être eu grand tort de ne pas t'accompagner dimanche dernier à l'Hippodrome. — Il fait ici un vilain froid tout noir, qui me glace les doigts (et je n'ai pas les tiens pour les réchauffer), un froid de Toussaint qui sent le cimetière, et qui m'empêche de me raser avec cette dextérité que tu admires sans la comprendre, un froid stupide, dont les spectateurs et les ouvreuses de l'Odéon seuls peuvent avoir une idée.

Je t'ai promis, en partant, de ne revenir qu'à l'époque où toutes les figures grimacent des sourires hypocrites, à l'époque où les confiseurs débitent autant de kilos de marrons glacés que tu me débites de bêtises quand deux verres d'une absinthe sérieuse t'ont mise en train, au point de tutoyer ta concierge ou un contrôleur du Théâtre-Français.

Tu ne m'attendais qu'à l'époque des étrennes, pas vrai?

Eh bien! petite folle, si tu as profité de ce doux

espoir pour jouer de tes jolies prunelles avec un cabotin (ne rougis pas, je sais que tu les adores), dépêche-toi d'en finir. Après-demain, vendredi, je serai à Paris.

Tu me feras le plaisir de ne pas laisser, ce soir-là, la clef sous le paillasson.

Commerson vient de m'écrire, et je suis très-étonné de ta conduite à son égard. Tu as essayé de lui tirer une carotte. — Il ne les aime pas, beau Bébé, et il a raison. *Le Tintamarre* est un organe sérieux et convaincu.

Aller raconter à Commerson toute une histoire, tout un drame : aller lui insinuer que j'ai mis au clou ma jaquette et mon pantalon de coutil pour empêcher ta tante de passer en police correctionnelle et ton oncle de vie à trépas, c'est par trop insensé!

Tu me fais pitié.

Commerson t'a refusé dix-sept francs, et il a bien fait. Tu les aurais croqués évidemment avec le cabotin dont je te parlais tout à l'heure.

Si le soleil mange les couleurs, ma chère Nini, mon rédacteur en chef les avale difficilement.

Mais parlons un peu de mon voyage, comme dit M. Nadaud.

Je suis en pleine Champagne, chez un honnête industriel qui fabrique ce joli petit vin bien mousseux que tu aimes tant, et dont tu as tant de fois abusé chez Bignon, chez Brébant et chez Foyot.

T'en serais-tu assez donné, mon beau Bébé, si tu avais été à ma place !

Quant à moi, tu me manquais, et je t'assure que j'ai été bien sage, car je ne comprends pas le champagne en Champagne. Je ne le comprends qu'à Paris, en cabinet particulier, après une charlotte plombée et avant un petit lansquenet.

Te souviens-tu de Blanche, morte à la Charité il y a six mois ? Eh bien ! le champagne que j'ai bu ici aujourd'hui, les lignes expansives que je t'écris en ce moment, me font penser à elle.

Il y a quatre ans, la pauvre enfant gardait dans les environs de Tours-sur-Marne les vaches de son père. Elle avait seize ans, des yeux comme les tiens, les dents d'Armande Morel et les cheveux de mademoiselle Leinenger. Elle était jolie comme une bergère de Watteau, moins les rubans et la houlette. Personne n'y prenait garde, pas même les valets de ferme.

Un jour, au 15 août, grâce à un train de plaisir, elle débarqua à Paris, s'égara dans la foule et... y resta, à Paris... (pas dans la foule, ne confondons pas).

Comme au champagne, il avait fallu à cette belle Champenoise l'air empesté du boulevard et du quartier Bréda pour faire tourner la tête des gandins et des nobles étrangers. — Tu sais le reste.

Je te l'assure, et ceci n'est pas un paradoxe : le champagne ne grise pas en Champagne.

Dans le cas où tu ne saurais pas ce que c'est qu'un

paradoxe, ne le demande pas à Philoxène Boyer, — il n'en sait rien non plus; — je te le dirai à mon retour.

Donc, ici, je ne m'amuse pas. On y reçoit, pour tout potage, *le Siècle* et *l'Illustration*. On y tue bien des lièvres qu'on mange ensuite entourés de grosses pommes de terre; mais si tu savais comme les gens qui les mangent avec moi, ces lièvres-là, sont laids, bêtes et méchants!

Tout à l'heure, à déjeuner, une dame de quarante-cinq ans, qui se vante d'avoir appelé Anatole Cerfbeer polisson, en 1830, était placée à côté de moi. Deux heures durant, elle m'a dit du mal des hommes de lettres, des acteurs et surtout des actrices de Paris. Elle t'a vue jouer à Bobino dans *Gare l'eau*, et elle m'a assuré que j'avais tort de continuer à te payer tes bottines, ton terme et les réclames à deux francs la ligne dont le journal d'Anatole, en bon confrère, daigne quelquefois te gratifier. (Pour les autres, tu le sais, c'est cent sous.)

— C'est une drôlesse, a-t-elle ajouté, elle vous mangera tout votre saint-frusquin.

J'ai su depuis qu'elle avait été habilleuse à l'Hippodrome, et qu'elle t'avait connue là.

Je t'ai vengée en lui donnant deux fauteuils de balcon pour le théâtre Déjazet.

Ce soir, je pars pour Nancy, j'ai assez de la Champagne.

A vendredi sans faute; je t'embrasse bien fort, en te priant de communiquer ce griffonnage à Commerson. Il comprendra, en esayant de le déchiffrer, qu'il m'est impossible de lui envoyer de la copie : ici, je ne jouis pas de toutes mes facultés.

## III

Paris, 11 janvier 1865.

Mon gros chien chéri,

Eh bien! tu les as vus tous dans leur splendeur?
Comment les trouves-tu, dis-moi ça, sans arrière-pensée?
Ont-ils assez d'esprit, assez de brio, assez d'entrain, assez d'originalité? Ont-ils assez de muscles et de tempérament, mes chers confrères du *Tintamarre?* Avoue-le, tu ne l'aurais jamais cru, n'est-ce pas? Il n'a fallu rien moins que le hasard qui t'a fait pénétrer, sous les habits du sexe fort, mardi, à 9 heures, chez Deffieux, pour te convaincre que nous étions tous, au *Tintamarre,* sans exception, de bons garçons dans toute l'acception du mot.

Bien d'autres auraient payé bien cher la place d'honneur que tu as occupée à la droite de notre administrateur, Edmond Thion. Te rappelles-tu la mise en scène, les couplets échevelés et court-vêtus de Briollet, les propos régence de Commerson, la gaieté bien franche de Maxime, la distinction de Touchatout, la pudeur et la tabatière d'Edmond Martin, les moustaches et le flegme de de Faulquemont? Te rappelles-tu Simon, Carle Le d'Huy, Léon Laforêt, ces enfants adorés de Commerson, notre maître, qu'au second verre de champagne tu appelais mon trognon, qu'au troisième tu tutoyais et qu'au quatrième tu as embrassé?

Dis-moi, t'en souviens-tu? Oh, oui, car ce sont de ces choses, de ces festins et de ces dates qu'on n'oublie pas. Et le garçon qui ressemblait à Ponsard et avec lequel tu as voulu à toute force trinquer? — idée d'académicienne de l'avenir.

Seulement, un petit reproche en passant : tu as essayé, entre la poire et le gruyère, de faire l'éloge des rédacteurs de la *Gazette de France;* tu regrettais l'absence de ces messieurs.

Tu as manqué de jugeotte, mon gros chien chéri. Aurais-tu l'intention de nous quitter pour te précipiter dans leur sein? Petite belle, tu y perdrais.

Pour en finir, je ne veux pas te le céler, tu as emporté l'estime de tous mes chers amis et collaborateurs, du nougat, de l'ananas, des cigarettes, du raisin du Midi pour deux mois au moins. Je suis content de toi. Par exemple, si tu rencontres Mélingue, Charly, Lamartine ou M. Tricot, je te défends de leur en donner.

Lorsqu'un Monsieur bien mis (retiens ça pour ta gouverne) t'offrira, avec une parcelle de son cœur, une côtelette jardinière, ne fais ni une ni deux, conduis-le chez Deffieux. Là, tu as maintenant tes grandes entrées. Ton *Sésame, ouvre-toi,* le voici : « Je suis la Nini du *Tintamarre,* j'ai tutoyé Commerson, le 11 janvier 1865, vers onze heures trente-cinq minutes. » Ces paroles, à peine échappées de tes lèvres de corail, et à peine égrénées par tes dents de perle, tu verras que les prévenances dont tu seras l'objet ne seront pas de la petite bière. Je te prie cependant de ne point abuser de la situation.

Tu sais qu'elle a coûté sept cents jolis francs à Commerson, notre petite fête de famille de l'autre soir. Il en est plus consolé, à l'heure actuelle, que Janin de son rôle d'encenseur aux *Débats.*

Viens donc, présentement, me parler des banquets de 1848 et de ceux du *Figaro !*

Tu étais le treizième convive, je ne te l'ai pas dit hier; aujourd'hui je te l'imprime. Treize à table, mauvaise affaire. Heureusement, mon gros chien chéri, tu as mangé pour six. Nous sommes sauvés. Si quelqu'un de nous doit dévisser son billard pendant l'année, je demande que ce soit le garçon de salle, qui t'a débinée tout le temps, à voix basse, c'est vrai, mais il t'a débinée. Avec de Faulquemont, son voisin, il a jasé sur ton compte, sur les chevaux de ton coupé qui piaffaient en bas. Moi, pas bête, j'ai étudié le jeu de leur physionomie, je le traduis ainsi : « Attends-toi à un joli traînage dans la boue et dans le premier numéro du *Diable vert*. »

Mais, assez causé boutique comme ça, — les truffes et les vins généreux de Commerson sont loin; il y a longtemps qu'ils ont généreusement et gracieusement produit leur effet; voyons ce qui s'est passé de drôle à Paris depuis ma dernière épître. Presque rien, mon gros chien chéri : on a joué des revues, on a conféré partout, on a dansé partout. Revues et conférences, j'en ai bien peur, dureront peu. J'attends avec calme et canaillerie leur prochaine agonie pour en dire tout le mal que j'en pense. Patiente donc.

Une grrrrrrrrrrande nouvelle, qui ne m'a pas surpris toutefois, c'est la petite histoire de ce pauvre Vaudeville, qui passe, lui aussi, l'infortuné, dans le mains de la Société Nantaise. Et de quatre! — Quand nous serons à dix, je ne ferai pas une croix, mais je crierai à l'absurde et au scandale.

Malheureuse liberté des théâtres, tant prônée et si choyée par le *Tintamarre*, voilà donc ce que tu as produit : l'accaparement de tous par un seul. Désormais, ne disons plus art dramatique, mais bien boutique dramatique. Des messieurs se sont réunis un beau jour, ont causé cinq minutes environ, remué quelques sacs d'écus, chiffonné quelques billets de banque, pris une voiture à l'heure, et le tour a été fait. Décors, costumes, salles, banquettes, manuscrits, partitions, lustres, ouvreuses, contrôleurs, artistes, auteurs, petits bancs, pompiers, contremarques, machinistes, figurants, figurantes, tout leur appartient, de par leurs écus et de par la liberté des théâtres.

C'est bien triste et bigrement douloureux.

Sous peu, tu la verras, nouvelle araignée dramatiquo-lugubre, cette affreuse Société Nantaise, étendre partout et sur tout ses longues pattes crochues. Elle nous prendra tout, mon gros chien chéri, jusqu'à Bobino, tes amours. C'est égal, vois-tu, si la Société des auteurs dramatiques ne s'émeut pas de ce manége, si elle ne proteste pas, si elle n'oppose pas une digue à ce torrent, je la plains. Si je m'appelais Barrière, Grangé, Lambert Thiboust, Emile Augier ou même Victorien Sardou, comme Achille, j'avoue que je n'hésiterais pas une seconde à rentrer sous ma tente, car je me sentirais tout chagrin de porter à ces messieurs un manuscrit quelconque. Je ne puis, sans me tenir les côtes, me figurer la Société Nantaise jugeant les œuvres de nos auteurs aimés.

Où allons-nous? Plus que jamais, le mot de Prud'homme est en situation : l'art est dans le marasme.

On a joué, tu ne l'ignores pas, à ce même théâtre du Vaudeville, une pièce de M. Mario Uchard : *la Charmeuse.*

Triste, ma chère, horriblement triste; ça été le coup de poing de la fin. Le soir de la première représentation, on m'assure que l'auteur, qui causait de cette chute avec un ami, a laissé échapper la phrase suivante : « Eh bien, je suis guéri, et j'aimerais encore mieux retourner ma veste que de retourner au Vaudeville. »

Si tu ne comprends pas, adresse-toi à un bandagiste, voire même à un pédicure.

Je ne veux pas terminer sans t'annoncer une bonne nouvelle : tu peux choisir dans les Magasins du Louvre le cachemire que je t'ai promis. Mon livre, *Nos Petits journalistes,* s'est enlevé comme du pain. Demain, la seconde édition sera en vente.

Albéric Second a été charmant pour moi dans le *Grand Journal.* Je te donnerai son portrait en déjeunant, dimanche matin, tu verras comme il est beau!

Commerson renonce, d'après tes sages conseils, à porter de la flanelle et à éreinter Emile Abraham. — Veux-tu que je te dise, tu me le gâtes, mon cher maître, avec tes prévenances?

Au revoir, mon gros chéri, à dimanche. Je t'embrasse un million de fois.

## IV

Paris, 20 janvier 1865.

Beau Bébé,

Tu es à Nice.

Tant mieux pour toi et tant pis pour moi.

Car ça va me coûter bien cher !

Enfin, tu as cela de commun avec beaucoup de gens très comme il faut et très-guindés. Je ne t'en ferai pas un crime, à toi qui n'as jamais connu, en fait de paysages transalpins, que les fortifications du mont Valérien, Saint-Cloud, Auteuil et la Maison-Blanche.

Là bas, tu vas étrenner bien des robes neuves ; — ici, elles auraient fait le bonheur des coulissiers, hôtes assidus des fauteuils d'orchestre de M. Hippolyte Cogniard, admirateurs quand même et à jet continu, de la prose de MM. Paul Mercier et consorts.

Pendant que je paye, sur le boulevard où Timothée Trimm et Jules Moineaux déploient leurs grâces, un bouquet de violettes soixante-quinze centimes, tu as là-bas du lilas blanc à profusion.

Et dire que tu dois tout cela à un rédacteur du *Tintamarre,* quelle veine ! — Montalembert en est bleu.

Sois heureuse; seulement, je t'en supplie, pendant que tu y es, fais des mamours à Alphonse Karr.

Il ne manque pas de talent, sais-tu?

Dis-lui que tu connais un peu Commerson et encore plus Léon Rossignol. — Si ta pudeur n'en souffre pas trop, insinue-lui que je tutoie Victor Koning par-dessus le marché.

Peut-être te croira-t-il, peut-être te lira-t-il quelques-unes de ses œuvres inédites. Te voyant heureuse, empoignée, peut-être t'aimera-t-il autant que ses lis dont tu as la blancheur, autant que ses violettes, dont Léonide Leblanc n'a pas la modestie, autant que ses roses, dont tu as la fraîcheur.

Et puis, beau bébé, tu auras cela d'agréable avec lui, c'est que jamais il ne te dira de mal de Villemain, de Jules Prével et de Ponsard. Jamais il ne te forcera à manger de la soupe à l'oignon, à jouer *Aï Chiquita* sur l'air de la *Famille de l'apothicaire,* à trouver un cheveu sur l'occiput de Siraudin et du talent à mesdemoiselles Silly des Variétés, et Nelsonn de Déjaz...

Tu me demandes des nouvelles de Paris, en voici :

Aux Variétés, au Palais-Royal, aux Folies, à Déjazet, à Bobino, à la Comédie-Française, au théâtre Saint-Pierre, il n'y a rien de changé.

Des gens qui ne savent pas parler français y écorchent toujours ta langue, la mienne et celle de ton fabricant de corsets.

Tu as le printemps pour toi, nous avons l'hiver:

Tu as les caresses du soleil, nous avons le sourire de M. Buloz.

Tu as les banknotes des Anglais, les dollars des Américains, les roubles des Russes; je n'ai, moi, que des billets à ordre que Commerson n'a jamais voulu endosser.

On te parle italien; on t'appelle *Mia cara;* moi, au Casino, de petites drôlesses en me voyant entrer, s'écrient : Tiens, voilà ce pignouff de Rossignol!

Le *Petit Journal* marche toujours, les lunettes d'or de M. Millaud président toujours à ses destinées.

Le théâtre Déjazet ne marche pas, lui — il vole.

Colbrun a ses rhumatismes; il a dû quitter, au Châtelet, son rôle de Canuche, et le confier à Touzé, un charmant garçon, dont le fou rire, les grimaces, les pantalonnades et la bêtise naturelle ont de l'avenir.

La Société Nantaise est froide à notre égard, et ton mot à Louis Veuillot est justifié : « Voilà l'hiver, plus que jamais ces gens-là auront besoin de Tricot. »

La Revalescière Dubarry, cette pauvrette de la rue de la Paix, a beau taper sur le ventre des gros fermiers d'annonces des grrrrrrrrrands journaux — il n'en sort que du vent.

Harellouismarie (en un seul mot), devient généreux envers les auteurs. — Souris.

Il ne leur paye plus 20 pour 100; il les paye en nature.

Reste à savoir si la Société des Auteurs dramatiques acceptera la chose.

Juge un peu, Harellouismarie offre :

A M. Eugène Grangé, deux douzaines de cache-nez pour cinq actes;

A M. Lambert Thiboust, une douillette puce, trois gilets, un paletot ouaté et une paire de bottes pour un lever de rideau;

A M. Théodore Barrière, un gibus, un carnier et une descente de lit pour deux actes mêlés de couplets;

A Commerson, une armoire à glace, etc., etc.

Mais tout cela t'ennuie, n'est-ce pas, et tu voudrais quelque chose de drôle pour finir ?

Ce quelque chose, le voici :

Hier, au foyer du Vaudeville, un vaudevilliste ayant demandé à mademoiselle Léonide Leblanc ce qu'elle pensait de son directeur, l'aimable cascadeuse a répondu :

— Ne me parlez pas de cet homme-là, ce n'est pas un directeur, c'est un père sondeur.

Et sur ce, mille choses aimables de la part de Commerson. Quant à moi, je t'embrasse à pleins poumons.

## V

Paris, 30 janvier 1865.

Mon beau bébé,

Hier, tu étais à Nice, aujourd'hui, te voici à Vaugirard, sous le fallacieux prétexte de poser des sangsues à ton petit cousin qui, m'écris-tu, mais je n'en crois rien, est tombé frappé de *limayrachie* foudroyante, à la suite de la lecture d'un article impossible de M. Paulin Limayrac dans le *Constitutionnel*. .

Enfant que tu es! Grosse petite niaise, tu n'avais pas besoin de quitter Alphonse Karr, Nice, ses orangers, ses Russes, ses Anglais, ses villas, ses tables d'hôte. Il te suffisait d'avoir recours à l'homœopathie. — Le *Constitutionnel* couchait ton petit cousin sur un lit de douleur; il suait avec Paulin Limayrac; en lui faisant respirer délicatement vingt lignes de la prose ampoulée de M. Boniface, il était sauvé. Le remède aurait été plus puissant que le mal.

Toutefois, je ne te le cacherai pas, j'avale difficilement la maladie de ton petit cousin. Le pauvre jeune homme n'est pas un petit cousin pour toi; c'est un prétexte, un prétexte maladroit; je plains le pauvre jeune homme, et quant à toi, je te méprise.

Comment, après trois grands mois de supplications, de mamours hypocrites, je consens à t'envoyer tout là-bas à Nice, je corromps l'administrateur du *Tintamarre*, qui m'avance six cents francs sur 1865, je t'achète une malle au Temple, une couverture de voyage au *Grand Colbert*, cinq kilos de chocolat à la *Compagnie française*, dix litres d'eau de mélisse des Carmes, cinq flacons du sirop pectoral Lantaigne, treize machines à coudre Martougen, un piano mécanique de Debain, trois paires de bottines, un crachoir hygiénique, je te remets tout cela chez ton concierge, il y a juste quinze jours, et tu me reviens sans un sou, sans me crier gare, en ne me rapportant que le crachoir hygiénique!

Tu me navres, et j'ai bien envie de rompre nos relations coupables.

Quel est donc le mobile qui te ramène sur les bords non fleuris de la Seine?

Aurais-tu la prétention de trouver une place aux entretiens de M. Alexandre Dumas? Mauvaise affaire, ma chère, tu ne t'y amuserais pas du tout.. Bien plus, comme tu ne manques pas de jugeotte, tu penserais, avec tous les gens sensés, que ce ne sont pas des entretiens que ceux-là, mais de solides balançoires. J'aime peu ces coups de grosse caisse autour de ces noms éclatants : Alexandre Dumas et Eugène Delacroix.

Barnum est passé de mode. L'auteur des *Trois*

*Mousquetaires,* l'auteur immortel de tant de chefs-d'œuvre me fait de la peine, beaucoup de peine. Ah! je n'y vais pas par quatre chemins, je ne tourne pas ma langue dans ma bouche quinze fois avant de parler, j'aborde carrément. Ceux que cela gêne n'ont qu'à ne pas se gêner; qu'ils aillent à la *Gazette de France!*

Avec ces entretiens-là, je le répète, Alexandre Dumas n'entretient pas du tout ma verve tintamarresque, et je m'adresse à un autre.

Vois mon peu de chance ; je retombe sur une célébrité, une célébrité peu célèbre, un Mangin dramatique.

Enfin !

J'ai nommé mossieu Mélingue.

Tu l'adores parce qu'il porte des bottes molles, parce que sa chevelure caresse les frises du théâtre de la Porte-Saint-Martin, parce qu'il a une manière à lui de s'écrier : « Prenez garde, mes beaux seigneurs, cette femme m'appartient, et avant de passer le bac avec elle, vous me passerez sur le corps! » Tu l'adores, parce qu'il a fait de l'art un tréteau; tu l'adores comme tu adores les chaussons aux pruneaux et l'absinthe panachée ; — je t'excuse, tu sens le faubourg Antoine qui t'a vu naître.

Pauvre enfant! De Gavroche à toi, il n'y a qu'une différence, celle du sexe. Et dire que vous êtes toutes comme ça, dans votre vilain quart de monde!

Laissons mossieu Mélingue; peut-être n'est-ce pas pour lui que tu m'es revenue et que tu as trouvé le prétexte des sangsues de ton petit cousin de Vaugirard.

Strauss a reparu à l'Opéra; tu as senti l'odeur de la colophane de ses cent vingt-cinq musiciens, et tu t'es dit : — Je manque là-bas, courons-y! Tu brûlais du désir de faire un cavalier seul avec Flageolet, la Normande et autres garçons coiffeurs en goguette, avant que les nobles étrangers de Nice ne brûlent d'amour pour toi. Si tu retournes là-bas, tu veux pouvoir dire aux cinq parties du monde : J'ai bu quinze canettes et dansé quinze quadrilles avec Flageolet; à qui la pose?

Tu souris?..... J'ai donc trouvé le joint.

Je t'en prie, par exemple, si tu passes sur le boulevard Montmartre, ne t'arrête pas aux Variétés. On y joue *la Belle Hélène*, musique de M. Offenbach, livret de MM. Ludovic Halévy et Meilhac.

Assez d'Offenbach et de Schneider comme ça, sapristi! Ces deux personnages allemands finissent par trop nous forcer à changer de gilets de flanelle; leur fausse gaieté à tous deux, compositeur et interprète, est de mauvais aloi, de très-mauvais aloi.

Je reviendrai là-dessus un jour et je te prouverai que j'ai raison. Offenbach n'a de talent qu'une fois sur dix, et encore! Jettatore, il jette à tort ses notes discordantes, et le public est bien simple de les ramasser.

Beaucoup de livres encombrent à l'heure actuelle les devantures de nos libraires, avec des faux-cols en cartons sur lesquels on lit : VIENT DE PARAITRE.

Aux personnes amies de la franche gaieté et de la désinvolture honnête, recommande : *Avez-vous besoin d'argent?* de Pierre Véron. Voilà un livre charmant d'un grand-petit journaliste qui écrit avec esprit.

Je ne ferai pas le Réveillon avec toi. Commerson nous convoque tous samedi chez Brébant, à l'heure solennelle de minuit, pour manger du boudin et dire du mal des rédacteurs de la *Patrie* en général, et de M. Édouard Fournier en particulier. Ni cascadeuses, ni hommes, tous rédacteurs du *Tintamarre*. Au dessert, je me propose de beugler une petite romance sur l'air des *Trois couleurs,* intitulée : COMMERSON, DE L'AUGMENTATION, S. V. P. !

Commerson te serre dans ses bras, Edmond Martin t'envoie à l'ours.

Moi, je t'embrasse de plus en plus à pleins poumons.

---

NIÑI A SON MAUVAIS JEUNE HOMME

## VI

Paris, 1ᵉʳ février 1865.

Grand chien chéri,

Il y a assez longtemps que tu m'écris, il y a assez

longtemps que tu te laisses aller, dans les colonnes du *Tintamarre*, à des débordements de style à mon adresse qui nuisent énormément, et pourquoi te le cacher, à ma réputation de bonne fille. J'en veux goûter, moi aussi. — Tes haines, aussi bien que tes enthousiasmes, sont souvent mal calculés, je veux faire mieux et prendre ta place.

Une seule fois, tu verras, grand chien chéri; laisse-moi gâcher, laisse-moi piétiner sur toutes nos gloires et sur tous nos abus, laisse-moi être, l'espace d'un numéro seulement, la petite Sévigné du *Tintamarre*. Comme plusieurs de mes camarades, j'ai vu le jour dans la soupente enfumée d'un bureau de tabac ; on m'a élevée à Saint-Denis, je sais assez proprement tourmenter les touches d'un piano, j'ai lu Musset, je dévore Auguste Villemot, je trouve peu de talent à Victorien Sardou, j'adore les moustaches et les chroniques — régence d'Albéric Second, je ne fais pas ma tête. On me voit partout, je veux voir partout et par-dessus toutes les épaules.

Tu sais que j'y ai été, moi aussi, dans le temps, de mon petit volume de vers chez Dentu : *Les larmes sympathiques*, avec une préface de Victor Cochinat. Tranquillise-toi donc, mon français vaudra bien celui du *Petit Journal* et de *l'Entr'acte*.

Si Commerson fait des difficultés, si Commerson s'écrie à l'aspect de mes pattes de mouche : « Allons, bon, encore une cascade de Rossignol! » dis-lui que je n'ignore point où se trouve le cadavre, et que s'il m'envoie promener, pas plus tard que le mois prochain, je réhabilite la Revalescière Dubarry et la Société Nantaise, ses deux cauchemars, en plein rez-de-chaussée du *Constitutionnel*.

Tu m'y aideras même, n'est-ce pas, grand chien chéri?

Faites une risette.

Et puis, je ne suis qu'une faible femme, vois donc comme je serai forte : acteurs, hommes de lettres, directeurs, journalistes, fabricants de chaussons de lisières, tout ce monde-là sera désarmé devant mon sourire, mes tresses blondes, mes vingt-trois ans et ma franchise de fille d'Ève.

Ma devise sera celle-ci : Pas de potins! justice pour tout et pour tous!

Je veux prouver que, du côté de la barbe n'est pas la toute-puissance, en matière de chronique surtout.

Je ferai peut-être un four, mais je me consolerai en te passant la main dans les cheveux et en pensant au macaroni-gratin de Léon Escudier. J'aime peu cet homme-là; je l'ai vu chez Peters avant-hier; ses cravates m'affligent, autant que la cuisine du faux Vatel du passage des Princes.

Et maintenant, au rideau! je serai brève et concise.

Je ne veux pas revenir sur le dîner abracadabrant du *Tin-Tam*, un des faits les plus importants de la semaine dernière. Ce que tu as dit est vrai : j'y étais, et je n'en reviens pas encore. Pour la première fois, depuis que je raccommode tes chaussettes et que je mets des boutons à ton caleçon, je me suis aperçue que tu ne cascadais pas.

Quant à la Société Nantaise, tu as oublié, en en bassinant pour la 37ᵉ fois tes 37,000,000,000,000,000 de lecteurs, de leur apprendre une nouvelle prouesse de ces messieurs, adorateurs quand même de la prose frelatée de M. d'Ennery.

Je répare cet oubli—involontaire, j'aime à le croire : le théâtre Saint-Pierre, la boutique à M. Husson, la grange dramatique où ça sent mauvais, va appartenir à MM. Benoît, Tricot et Cᵉ ! ! ! — Les pourparlers sont entamés : M. Tricot a proposé du tout mille trois cent quarante francs, M. Husson en demande mille trois cent soixante. Reste à savoir si l'on s'arrangera... Espérons-le, mon Dieu !

Toutefois, je propose un joli biais, et le voici : Madame Marie Dornay ne jouera plus... que des jambes; Victor Séjour sera directeur, et je m'engage, aussi vrai que M. Clairville ne sait pas ce que c'est qu'un alexandrin, à mettre les vingt francs.

Ah dame ! je suis une bonne fille, et je me sens toute aise de débuter ainsi par une bonne action.

Tu as oublié, du reste, bien d'autres choses non moins réjouissantes dans ta dernière missive. Pourquoi, à l'exemple de tes confrères, n'as-tu pas tancé vertement cette vieille fille grêlée, sans cœur, sans talent, sans esprit, qui n'a plus pour elle qu'un nom des plus honorables et qu'elle va traîner sur les bancs de la police correctionnelle, après l'avoir traîné sans pudeur dans les bas-fonds malsains de la littérature la plus infecte?

Tu as des chiquenaudes pour Mélingue et mademoiselle Leinenger, deux célébrités bien inoffensives, à mon avis, et dont tu ne devrais plus t'occuper, et tu n'as pas eu un bon coup de poing pour cette dame-là? — Tu n'es qu'un pas grand'chose de chroniqueur.

Tu verras ce qui t'arrivera un beau jour : Commerson te lâchera, et alors, plus de pain à la maison! Il était temps, mon grand chien chéri, que je prenne ta place, tu ne chantais plus, à peine roucoulais-tu, et bien pauvrement, encore!

Hier, j'ai entendu un assez joli mot sur X..., le gêneur, au café de Bobino. On causait de lui devant Hortense Cavallié :

— Laissez-moi donc tranquille avec ce garçon-là, a-t-elle dit, ce n'est pas un homme, c'est un double-six, on cherche toujours à s'en débarrasser.

Je te remercie de tes quarante-quatre volumes de la *Bibliothèque nationale,* à 25 centimes, je vais les dévorer. C'est une heureuse idée qu'a eue là M. Gauthier, et je ne le lui mâche pas ; seulement, je crois que je lirai avec infiniment plus de plaisir, dans cette collection, la *Religieuse,* de Diderot, et les *Voyages de*

*Gulliver*, que *l'Esprit des lois*, de Montesquieu, et la *Pluralité des mondes*, de Fontenelle.

Prie donc, ces jours-ci, en te promenant sur les boulevards, tes bons petits camarades du *Figaro*, du *Figaro-Programme*, du *Club*, de la *Patrie* et du *Constitutionnel*, d'annoncer la seconde édition de mon volume de vers : *Les larmes sympathiques*. J'y ai intercalé une romance sur nos amours premières et sur l'air de *T'en souviens-tu?* dont je vais te citer deux strophes. C'est par là que je terminerai, j'en ai assez pour aujourd'hui, j'en ai même plein mon corset.

AIR : *T'en souviens-tu.*

T'en souviens-tu de ce temps d'allégresse,
Où tous les deux nous allions à Bullier?
Où plus d'un soir, tu me fis la promesse
De me donner du v'lours pour m'habiller?
Dans ce temps-là, ne sachant point écrire,
Tout ton bonheur était dans ma vertu...
Tu m'aimais plus que la folle hétaïre,
Dis-moi, grand chien, dis-moi, t'en souviens-tu?

T'en souviens-tu de ce temps de Cocagne,
Où nous allions dîner à vingt-sept sous,
Où le ciel bleu tenait lieu de champagne,
Où j'étais seule à te fair' les yeux doux?
Dans ce temps-là, Commerson, ton cher maître,
De cheveux noirs était encor pourvu...
Où sont-ils donc, oh! fais-le moi connaître!
Dis-moi, grand chien, dis-moi, t'en souviens-tu?

Au revoir, grand chien chéri, tout à toi, tout, jusqu'à mes vieilles bottines.

---

## VII

Paris, 6 février 1865.

Gros chien chéri,

Ce que j'ai le mieux aimé dans ta lettre de dimanche dernier, ce n'est point le commencement, c'est la fin. Ta naïve romance sur l'air de *T'en souviens-tu*, m'est allée droit au cœur; en la lisant, ou plutôt en la chantant, j'ai senti les parois de mon gilet de flanelle s'humecter; j'étais tout chose, parole d'honneur. Alors, je t'ai répondu tout de suite, et toujours sur le même air. Voilà mon petit morceau, attention :

AIR : *T'en souviens-tu.*

T'en souviens-tu, j'étais le secrétaire,
Dans ce temps-là, de monsieur Janicot;
Pour vivre mal, j'avais le nécessaire,
Pourquoi cela dut-il finir si tôt?

Hélas! hélas! le joyeux *Tintamarre*
Vint me troubler de son turlututu!...
J'ai, depuis lors, barbotté dans sa mare...
Dis-moi, gros chien, dis-moi, t'en souviens-tu?

T'en souviens-tu, j'avais une jaquette,
Qui nous servait en hiver d'édredon?
Dans ce temps-là j'étais souvent casquette,
Et tu m'app'lais ton chéri, ton trognon.
Dans ce temps-là, t'avais, simple grisette,
Moins de velours sur un corps plus dodu...
Tu vivais loin d' Notre-Dam' de Lorette,
Dis-moi, gros chien, dis-moi, t'en souviens-tu?

Je pourrais continuer longtemps sur ce ton-là; quoique chroniqueur du *Tintamarre*, le langage des dieux m'est assez familier; j'ai ma muse, mes lecteurs le savent, mais je préfère la prose, je préfère reprendre la plume que j'ai eu le tort de te laisser entre les doigts dimanche dernier.

Je le répète : sauf les deux strophes de la fin, ta lettre était idiote, pour ne pas dire infecte.

Commerson, celui que tu as appelé, la première fois que tu l'as entrevu, un joli petit vieillard et que j'appelle, moi, mon cher maître, Commerson est furieux. Ta réponse n'a eu aucune espèce de succès. On a rapporté (preuve évidente que tu avais remporté ta veste) deux mille numéros aux bureaux du journal. C'est ça qui a pas mal embarrassé Ernest, l'homme de confiance de Commerson, tu sais bien, le petit maigre qui, lorsque tu viens demander Léon Rossignol, te répond invariablement : Est-ce pour une explication ou pour un abonnement?...

Ernest, à l'heure actuelle, n'est pas encore remis de cette émotion.

A l'aspect de ces deux mille numéros trop religieusement rapportés, il s'est écrié tout en pleurs, et en laissant de côté ses trois sous de pommes de terre frites : Cré coquin, qu'est-ce que le patron va dire?

Je le tiens d'un témoin oculaire : Ernest faisait vraiment de la peine à voir. Il se tortillait sur son fauteuil en poussant des cris sauvages, de ces cris comme on n'en pousse qu'aux premières de M. Clairville.

Un moment, le pauvre garçon a eu une idée lumineuse : celle d'avaler les 2,000 numéros.

Il a même essayé.

Mais au dix-septième, il étouffait. Et, tout en étouffant, il s'est tenu ce raisonnement très-juste : Si je continue, je suis un homme mort ou ruiné. Que je fasse, en les avalant, disparaître ces 2,000 numéros, si j'en réchappe, monsieur Commerson m'en réclamera le prix, mieux vaut lui faire de la peine, beaucoup de peine, mieux vaut lui tout avouer.

Et Ernest avoua.

Commerson a été splendide. Il s'est contenté de mettre les 2,000 numéros à la disposition du directeur de Bicêtre.

Pour ton début dans la noble carrière des lettres,

tu laisses un peu à *désirer*, avoue-le. — Passons à des idées plus riantes.

M. Francisque Sarcey, de l'*Opinion nationale*, a joué mardi dernier, aux Conférences, un nouveau jeu qui prend chaque jour à Paris des proportions colossales. La petite fête s'est passée au quai Malaquais, dans les grands salons du Cercle des Sociétés.

L'homme de talent et du rez-de-chaussée de l'*Opinion nationale*, le copain d'Edmond About, a entrepris l'éloge de Pierre Corneille. Il a disséqué *Polyeucte* avec un art très-remarquable.

Pauvre Odéon! on y a encore joué une pièce en trois actes et en vers, — cela a pour titre : *le Second mouvement*, et pour auteur M. Pailleron. Je l'avoue, mon premier mouvement a été de n'y point aller et j'aurais eu raison.

Tu sais les précautions qu'exige un pareil voyage ; nous sommes à la fin du mois, mon porte-monnaie est à peu près vide. Comment, me suis-je dit le jour de cette première, comment entreprendre un pareil voyage? Où trouver l'argent nécessaire pour louer une berline, pour acheter un pâté de foie gras, une douzaine de londrès, une bonne couverture et quelques volumes à 3 francs de la bibliothèque Hachette? il ne faut pas se le dissimuler, toutes ces choses-là sont le complément indispensable d'un voyage au petit monument funéraire de M. La Rounat. (Habitants de la Chapelle, lisez Charles Rouvenat.)

Fort heureusement, Commerson qui aime bien faire de ses rédacteurs des victimes avant d'en faire de bons rentiers du Marais, m'a glissé dans la main un double louis et... je suis allé à l'Odéon !!!!!!

J'ai rapporté dix-huit sous, mais je me suis bigrement ennuyé. La pièce est fausse d'un bout à l'autre, les personnages sont agaçants, les vers ne sont pas des vers, c'est de la mauvaise prose mal rimée, les artistes pataugent à qui mieux mieux, au milieu de ce bourbier d'alexandrins à la Boileau. Ponsard n'aurait pas fait plus mal. Deux acteurs ont trouvé grâce devant moi : Thiron et Porel.

Je ne retournerai plus à l'Odéon.

Le Gymnase, lui, tient un succès; le Palais-Royal en tient deux. Je laisse à mon cher confrère en chef le soin de te parler des *Vieux garçons*, un chef-d'œuvre, tout simplement. Les deux pièces du Palais-Royal sont dues : la première, *Un clou dans la serrure*, à MM. Grangé et Lambert Thiboust ; la seconde, *le Procès Van Korn*, à MM. de Rochefort et Choler.

Ces deux vaudevilles sont bien réussis; le premier surtout : jeune, bien venu, bien portant, tu le verras encore sur l'affiche à l'époque où les lilas fleurissent sur la branche.

M. Henri Rochefort, un des auteurs du *Procès Van Korn*, m'a appelé tout récemment, et en plein *Figaro*, circonstance aggravante, LE JEUNE BOUZINGOT du *Tintamarre*. M. Henri Rochefort a eu tort, surtout ayant une pièce en répétition. — Nous tirons à 4,000 (n'en déplaise à M. de Villemessant), j'aurais imprimé que sa pièce était une monstruosité, qu'il n'y avait absolument rien à dire. Je suis juste : sa pièce est amusante, — c'est l'avis du JEUNE BOUZINGOT du *Tintamarre*.

Veux-tu un mot?

Dernièrement, chez Péters, le rendez-vous des égorgeurs et des hommes de lettres, un petit jeune homme, un diminutif de Jules Prével comme talent et comme taille, était sur le tapis.

Le débinage était carré.

— Les articles de X... ne sont pas toujours drôles, dit Timothée Trimm, il devrait se soigner.

— Il faut l'excuser, répartit Adrien Marx, si ses articles sont froids, c'est qu'ils restent trop sur le marbre.

Et maintenant, gros chien chéri, je t'embrasse aussi fort que je t'aime, ce qui doit te faire furieusement mal.

## VIII

Paris, 18 février 1865.

Beau chien chéri,

Tu connais Thérésa, n'est-ce pas?

Tu la connais, cette chanteuse qui depuis deux ans révolutionne tout le Paris littéraire, financier, maladif, pharmaceutique, commercial, théâtral et bien portant?

Eh bien! Thérésa va, elle aussi, publier ses mémoires. A l'heure où tu essayeras d'épeler ces quelques mots, la célèbre chanteuse de l'Alcazar, jalouse des succès de Rigolboche, de Mogador et de la Femme Verte, verra, avec bonheur, des milliers de lecteurs dévorer sa prose. Evidemment, l'éditeur n'aura pas fait là une mauvaise affaire; j'ajouterai même, sans crainte d'être démenti, que comme cascade, c'est une cascade assez bien réussie. Le succès ne se fera pas attendre.

Sur celle-là, je ne dirai rien. Pour celle-là, je ne sortirai pas du magasin d'accessoires du *Tintamarre* la solide massue qui, dans le temps, m'a servi à assommer Mogador, Rigolboche, la Femme Verte, Chichinette, Trompe-la-Mort, Bien Cambrée, Rosalba et autres drôlesses qui n'ont pas rougi de tremper leur plume dans le ruisseau d'une littérature fangeuse pour nous en éclabousser ensuite.

Thérésa est une artiste. Si le public s'occupe d'elle, si le public, curieux comme ta portière, tient à savoir chez quel pédicure elle fait soigner ses cors, chez quel boucher elle prend ses gigots, à quel manicure elle livre ses jolies menotes, quel coiffeur manie sa chevelure, quel dramaturge elle préfère et quel journaliste elle adore, le public est, ma foi, dans le vrai. Thérésa, pardonne-moi l'expression, a du chien, du chien canaille, soit, mais du vrai chien; elle a trouvé un genre. Or, Boileau, un gâteux que tu ne connais pas, l'a dit :

**Tous les genres sont bons, hors le genre ennuyeux.**

Et puis, elle possède un grand mérite à mes yeux : elle n'a pas cherché sa réputation derrière les rideaux de son alcôve; son bien-être, elle ne le doit qu'à l'art, sa gloire, elle l'a conquise *coram populo*, carrément, honnêtement, si tu aimes mieux.

Elle a donc le droit d'écrire ses mémoires, que je te conseille de lire. Tu verras ce qu'elle pense, comment elle a vécu, comment elle respire actuellement, et par quelle singulière fatalité elle a été poussée à chanter plutôt *Rien n'est sacré pour un sapeur*, et la *Gardeuse d'ours*, que la *Grâce de Dieu* et *Mathilde, ô mon bel ange!*

3.

Qui sait, il y a peut-être là-dessous tout un enseignement ? — Passons.

Dans quelques carrés de papier, j'ai lu qu'un concours avait été ouvert à seule fin de faire représenter à la Porte-Saint-Martin la meilleure pièce d'un inconnu. Tu ne sais pas ce qui est arrivé : la pièce acceptée, et qui va être montée dare dare, après ce prétendu concours, que tout le monde ignorait, est intitulée : *Madame de Chateaubriant,* et a pour auteur un fier lapin littéraire : M. Ch. de La Varenne. Cela a été pêché dans les eaux troubles de la *Revue Française,* par MM. Benoît, Tricot et compagnie.

Je connais cette banalité, je l'ai parcourue il y a quelques mois, car mon métier est de tout lire ; je me rappelle encore les phrases filandreuses qui l'émaillent et qui n'ont rien à envier au macaroni du bouillon Duval.

Ce qu'il y a de pis, au milieu de tout ça, c'est que c'est peut-être exprès que la Société Nantaise a choisi cet ours destiné à tomber comme les feuilles des arbres du boulevard, dès le mois de mai. Après cela, quand on apportera à ces gens-là quelque bonne pièce de Tolède, sentant bien sa jeunesse, ils vous répondront : « Ah ! bien oui, la jeunesse ! Et M. de La Varenne et *Madame de Châteaubriant !* »

Moi, pas méchant, j'ai composé là-dessus une petite pièce de vers. — Le mot de la fin est atroce, mais tu m'excuseras, je venais de me faire arracher une dent.

Bien plus, dès demain, si tu retiens ma poésie et si tu es capable de la réciter à M. Tricot, pour le jour de sa fête, je te donnerai cent sous de plus par mois.

Attention !

  Lâchant Séjour, Brisebarre et Dugué,
  Trouvant enfin d'Ennery fatigué,
  Dans tous ses fours se sentant mal à l'aise,
  Avant-hier la Société Nantaise
  Se dit : prenons dans la *Revu' Française*
  Un drame pour récolter de la braise.
  . . . . . . . . . . . . .
  . . . . . . . . . . . . .
  Or, c'est ainsi, pauvre Paris dupé,
  Que tu verras chaque mur occupé,
  Au nom de la liberté théâtrale,
  Par ces trois mots d'apparence spectrale :
   *Madame de Chateaubriant !*
  Du titre, hélas ! leur vint cette méprise ;
  Quand chez Fournier on jouera c'te bêtise,
  Chacun verra que la chose, ô surprise !
   Est loin d'être un CHATEAU BRILLANT.

Je fais des vers, et cependant je n'aime pas les poëtes. Ces messieurs, sous le fallacieux prétexte de nous faire passer des heures agréables, n'ont souvent que des pavots à nous offrir, en guise de hatchis et de johannisberg. Il en pleut comme toujours en ce moment, et de tous côtés. — J'en ai trouvé une demi-douzaine qui m'attendaient hier soir, couchés sur mon paillasson, et disant du mal de Clairville à qui mieux

mieux. Pourquoi les éditeurs de Paris laissent-ils mettre leurs noms sur les volumes de ces gêneurs?— Ça ne sent pas toujours bon, sapristi! Je ne pense pas te le céler, je veux faire une exception, et c'est en faveur de la maison Hachette, qui a trouvé grâce devant moi, avec les *Pensées tristes*, d'Armand Renaud.

Je regrette seulement que, parmi ces pensées, je n'aie pas trouvé des regrets pour la bêtise amère des rédacteurs de la *Patrie*, pour le front plissé de Doche, les bottes de Laferrière, les fausses nattes de mademoiselle Duverger et le lyrisme antédiluvien de M. Viennet, — voilà de vraies pensées tristes!

Samedi, chez M. de Montalembert, entre un bézigue et une discussion des plus chaudes sur l'encyclique, tu m'as reproché de ne t'avoir point parlé dans ma dernière lettre de la descente de M. Nadar dans les égouts de Paris. Si je ne l'ai pas fait, beau chien aimé, c'est que j'ai eu peur, en te bassinant une fois de plus avec M. Nadar, qui tantôt monte au ciel et tantôt se cache dans les entrailles de la terre, de fatiguer en même temps mes 7,300,000,000,0000 de lecteurs. Je laisse le photographe du boulevard des Capucines à toutes ses expériences, en lui souhaitant bonne chance.

Le jour où ses tentatives seront couronnées de succès, où il m'aura prouvé qu'on peut aussi facilement rendre visite au soleil qu'au génie de la colonne de

Juillet, ce jour-là, je lui ferai, à cette même place, une bonne et solide réclame, avec l'autorisation de Commerson, bien entendu.

Toujours chez M. de Montalembert, et sans pudeur aucune, mais en avalant sept sandwichs, tu m'as dit : « Et Léotard, le beau Léotard, qui vient de faire sa rentrée, parle donc de lui !!! »

Léotard, ma chère, mais c'est le dernier mot de l'art, cet acrobate me fait pitié. Lui, toujours lui; après le singe, les éléphants et les somnambules, M. Dejean n'a rien trouvé de mieux que de faire remonter sur son tremplin ce bachelier ès-trapèze et poussif. Triste, triste, triste !

En v'là assez, je t'embrasse et au revoir.

Tout à toi, jusqu'à mes vieilles cravates écossaises.

---

## IX

Paris, 25 février 1865.

Beau chien chéri,

Peut-être si j'étais demeuré simple et bon,
Si mon cœur n'était pas brûlé comme un charbon,

> J'aurais entrepris cette tâche,
> D'illuminer ta vie avec un amour tel,
> Que nul n'aurait osé, sur le feu de l'autel,
> Lever sa main perfide et lâche.

Ces vers d'Armand Renaud me sont revenus à la mémoire en prenant la plume pour t'écrire les choses insensées qui vont suivre. Aujourd'hui, je ne suis plus un homme, je suis un chacal, et le *Figaro* va même plus loin, il m'appelle un JEUNE BOUZINGOT.

Il faut donc que cela finisse, il faut donc que je te lâche.

Je vais m'expliquer.

Et tout d'abord, Edmond About m'ennuie. Je veux bien admettre qu'il a quelque talent, quelque esprit, mais il m'ennuie, car Edmond About a du succès dans l'*Opinion nationale* chaque samedi que le bon Dieu fait. Le cousin de Madeleine m'ennuie, car dès le jour où je l'ai pastiché dans les colonnes de Commerson, il a recommencé à vagabonder dans celles de M. Guéroult. Le jeune châtelain de Saverne m'ennuie enfin, parce qu'il a lâché sa petite cousine Madeleine, et que, ne s'en portant pas plus mal depuis, il m'a donné l'idée de te lâcher aussi.

Je me suis fait *in petto* ce raisonnement : si l'immortel auteur de *Gaëtana* n'écrit plus à Madeleine, pourquoi irais-je continuer, moi, d'écrire à Nini ?

Le *Tintamarre* et l'*Opinion nationale* roupillent

sous le même toit, 5, rue Coq-Héron; les presses de l'imprimerie Dubuisson gémissent tout aussi bien sous mes phrases malsaines et scrofuleuses que sous celles de MM. Pauchet, Labbé, Arnault, Guéroult et About; nous vivons de la même vie, nous respirons le même air, nous escaladons les mêmes escaliers, nous saluons chaque jour et avec respect la même concierge, nous avons les mêmes annonces, les mêmes caractères, nos garçons de bureau portent le même uniforme; ayons les mêmes articles, la même prose et surtout la même désinvolture littéraire!

C'est toute une révolution que je demande là.

Tu ne t'étonneras donc pas, beau chien chéri, si cette missive est la dernière, et si, à l'exemple d'Edmond About, je renonce à des lettres par trop intimes pour ne m'adonner dorénavant qu'à une littérature saignante et soignée.

Dès dimanche prochain, je publierai à cette même place les *Causeries tintamarresques du dimanche*, et je serai si comme il faut, si distingué, si collet monté, si talon rouge, que l'Académie en desséchera et que le *Figaro* n'hésitera pas à reconnaître en moi d'autres qualités que celles d'un JEUNE BOUZINGOT.

Parole d'honneur panachée, j'ai toujours cette vilaine épithète-là sur l'estomac. Un jour, histoire de rire et de me venger un peu, je traînerai dans la boue toute la rédaction du journal de M. de Villemessant. Tu sais, quand je mords, je mords bien. Or, comme ce jour-là je mordrai en riant, toute la galerie sera de mon côté.

Cher et bien-aimé rédacteur en chef, tranquillisez-vous, ne froncez pas le sourcil, ne redoutez pas le scandale, il n'aura pas lieu chez vous. — M. Buloz m'offre la cage de la rue Saint-Benoît pour y roucouler à mon aise; c'est celui-là que je veux compromettre.

Singulier métier que le mien, va, mon beau chien chéri. Il y a une dizaine d'années, mon oncle de Châlons-sur-Marne, tu sais bien celui qui t'a payé vendredi chez Brébant des écrevisses bordelaises, en compagnie de Louisa, de Trompe-la-Mort, de Castagnette, de Georges et d'Auguste, mon bon oncle voulait me céder son magasin de corsets plastiques.

Que n'ai-je accepté !

Au lieu de lasser mes lecteurs, j'aurais lacé bien des petites dames qui m'auraient remercié le sourire aux lèvres, tandis que mes lecteurs, mes idiots de lecteurs, épluchant mes phrases, scrutant ma pensée, ne s'écrient que ceci chaque dimanche : Quel cascadeur, quel type que ce Rossignol !

Mes lecteurs, à la vérité, je m'en moque, — ce n'est pas pour eux que je travaille. J'écris pour la gloire d'abord et pour satisfaire mes honteuses passions ensuite. Je comptais donc que mes chers confrères, ceux du *Figaro* surtout, qui pensent comme moi, m'auraient épargné le blâme et le reproche. J'en veux à ce journal-là, je le répète, — nous rirons bien un de ces jours, dans la petite boîte à M. Buloz.

Voyons maintenant ce que cette semaine a enfanté :

Un grand succès au Palais-Royal, les *Jocrisses de l'amour;* Commerson t'en causera plus longuement; il te dira ce qu'il y a d'esprit, d'entrain, de brio et de bonne humeur dans l'œuvre nouvelle de Lambert Thiboust et de Barrière ;

J'ai aperçu dans les kiosques du boulevard une feuille nouvelle à un sou : *Mon journal,* rédacteur en chef : Le Guillois. Si Le Guillois continue, si les numéros de son journal s'enlèvent longtemps encore avec la même fièvre, j'ai bien peur pour M. Millaud ;

Offenbach est à Monaco avec Méry : ils y préparent, dit-on, cinq actes pour l'Opéra-Comique et pour l'hiver prochain. La chose a pour titre provisoire : *Orphée aux enfers;* je ne sais pas, mais il me semble que l'on a joué quelque chose comme ça aux Bouffes-Parisiens, — j'irai aux renseignements ;

Des petits messieurs se promènent sur les boulevards avec des assiettes en guise de boutons sur leurs paletots ;

Il y a toujours beaucoup de petites dames, de drôlesses au Casino, à Bullier, chez Péters et chez Brébant. L'une d'elles, la petite Chichinette, a eu un mot assez drôle au dernier bal de l'Opéra. Un cocodès la suivait, un double louis à l'œil, en guise de lorgnon.

Chichinette aperçoit Rigolboche (retour de Marseille) :

— Dis donc, Marguerite, fit-elle en désignant le bonhomme, c'est quand un homme vous regarde comme ça que je comprends qu'on lui arrache les yeux.

Les conférences marchent toujours; les fruitiers du quartier Latin récoltent de plus en plus des pissenlits dans le parterre de l'Odéon; enfin partout, mêmes débordements, mêmes vices, mêmes ridicules, mêmes absurdités.

Sur ce, je t'embrasse tout plein, mon beau chien chéri, tout plein et puis encore.

## X

Paris, le 28 février 1865

Mon beau bébé,

Une fois pour toutes, je ne veux plus que tu lises les journaux qui folâtrent sur ma table, ils te perdront indubitablement. Je t'interdis surtout la lecture du *Figaro-Programme*, organe littéraire consciencieux, je le veux bien, drôle quelquefois, grâce aux articles de Koning et de Prével, je le veux bien encore, mais très-dangereux lorsqu'il cause de ces petites dames qui conduisent elles-mêmes leurs paniers à salade dans la grande avenue des Champs-Élysées, et qui vous croquent des billets de mille avec la même facilité que tu dévores des pommes d'api.

Et Dieu sait si tu adores les pommes d'api! Ce n'est pas de l'amour que tu as pour ce fruit-là, c'est de la rage. Tout bien examiné, je t'avouerai que j'en suis fort aise; mes moyens me permettent de t'acheter pas mal de pommes d'api, et je ne crois pas, même en y mettant la meilleure volonté du monde, qu'il me serait possible de te payer le moindre coupé, le moindre panier à salade.

Mais revenons au *Figaro-Programme* : c'est dans ce journal que tu as lu, il y a quelques jours, qu'une demoiselle avait donné, à ses camarades des deux sexes, un bal splendide où les diamants, les dentelles, les bottes vernies et les potins se trouvaient comme chez eux. Et vite, avec la pétulance et la légèreté qui caractérisent tous les actes de ton existence, il t'a fallu, à toi aussi, un petit bal, une petite sauterie. J'ai été assez bête pour ne pas te résister, et j'ai eu grand tort; car, pourquoi le cacher, ta petite sauterie a dégénéré en orgie, et le lendemain, jour de la copie, je m'en ressentais si bien encore, que j'ai envoyé, pour tout potage, à Commerson, huit vers idiots qui faisaient bien triste figure en tête de notre dernier numéro.

Je t'en prie, faut plus la recommencer, celle-là, dans ton intérêt aussi bien que dans le mien. J'ai coudoyé chez moi, cette nuit-là, des gens que je ne sais réellement pas où tu as été pêcher, et qui ont bu, mangé, dansé, potiné, craché sur toutes nos gloires avec un aplomb incroyable. Sauf MM. Montalembert, Prével, Guizot, Vavasseur, Paulin Limayrac, Le Guillois, Saint-Marc Girardin, Havin, Raynard, de Loménie et Parade, tous les autres invités se sont conduits comme des polissons. J'ai constaté la disparition de mon tire-bottes et du portrait de Jules Janin, auquel je tenais énormément, non pas que Jules Janin soit joli, joli, mais il est bon garçon, bon camarade. Il m'avait envoyé sa binette, le jour de l'an dernier, avec une livre de marrons glacés et cette dédicace des plus flatteuses :

A LÉON ROSSIGNOL DU <i>Tintamarre</i>,<br>
AU CHÉRI DE NINI !<br>
L'HOMME DU RÉZ-DE-CHAUSSÉE DES <i>Débats</i> :<br>
JULES JANIN.

C'était gentil, c'était délicat, c'était à faire monter en épingle et à conserver avec amour. Le pignouf qui a abusé de ton hospitalité écossaise pour me ravir le profil de Jules Janin et ses pattes de mouche, est un pas grand'chose.

Quant à tes petites camarades, elles ont été tout simplement infectes : Rosalba, Leinenger, Louise Collet (née Révoil), la Négresse, la Femme Verte et la Femme des auteurs ont seules trouvé grâce à mes yeux. Le petit cancan de la fin ne manquait pas de torse non plus. Mais, je le répète, plus de tout ça, et tâche qu'on me rende et mon tire-bottes et mon Jules Janin.

Soyons sérieux maintenant, Commerson ne serait pas content.

Je ne te parlerai pas des jours gras, des voyous sonnant dans des cors de chasse, de ces hommes (sont-ce bien des hommes, des créatures humaines?) pour lesquels ce jour terne, brumeux et blafard du mardi gras a été le prétexte de la gaieté la moins gaie. J'en ai rencontré plusieurs, ils m'ont fait pitié et m'ont rappelé ces vers de Pierre Véron :

Sales, dégoûtants, laids, barbotant dans la boue,
Pâlissant sous le fard qui leur couvrait la joue.
Ils grelottaient de froid sous leurs vils oripeaux.
Leurs maillots se collaient humides sur leurs peaux;
Leurs jambes titubaient sous des pantalons flasques;
Leurs têtes succombaient sous le poids de leurs casques,
Sur lesquels un plumet, ainsi qu'eux éreinté,
Se laissait tristement retomber de côté.

Je ne connais pas le carnaval de Venise, mais je connais celui de Paris : eh bien! franchement, comme ordure, ça ne laisse rien à désirer : — c'est écœurant, parole d'honneur.

Un des bœufs, une des malheureuses victimes innocentes et très-persécutées, a été baptisé : le *Petit Journal*, m'a-t-on assuré. Quelle veine pour Millaud, quelle gloire pour ses rédacteurs! Si mon boucher m'avait offert un morceau de ce bœuf-là, sais-tu ce que je me serais dit *in petto* en le mangeant?... Tu ne réponds pas?... Eh bien! chien aimé, je me serais dit : Voilà la première fois que je dévore le *Petit Journal* avec plaisir.

Les hommes de lettres, vois-tu, ma chère, perdent pas mal de leur prestige à l'heure qu'il est. J'en sais un qu'on culotte pour deux sous, en voici d'autres taxés comme des beefteacks aux pommes ou des côtelettes jardinières. Je ne plaisante pas : un honnête industriel, un Vatel de bas étage, un marchand de soupe de la décadence, chez lequel je suis allé déjeuner mardi dernier, m'a fait remettre la carte suivante :

N° 7.

| | |
|---|---:|
| 1 couvert. . . . . . . . . | » 20 |
| 1 beefteack . . . . . . . . | » 75 |
| 1 bordeaux . . . . . . . . | 1 25 |
| 1 Sardou. . . . . . . . . | 3 75 |
| 1 Commerson. . . . . . . | » 95 |
| A reporter. . . . | 6 90 |

|                | Report.  | 6 90 |
|----------------|---------|------|
| 1 Villemessant |         | » 30 |
| 1 pain         |         | » 20 |
| 1 Émile Augier |         | » 15 |
| 1 cigare       |         | » 35 |
| 1 Koning       |         | 4 05 |
|                | Total.  | 11 95 |

Lorsque j'ai reçu cette addition, je n'ai rien dit pour le couvert, le beefteack, le bordeaux, le cigare, mais j'ai réclamé pour le surplus ; je ne saisissais pas du tout ; mais là, pas du tout.

— C'est bien simple, m'a répondu le maître de céans, vous êtes ici au *Rendez-vous des gens de lettres*, vous jouissez de la vue des hommes célèbres du jour, il est juste que vous soldiez.

J'ai soldé, mais on ne m'y reprendra jamais, d'autant plus que les bonshommes en question étaient de faux bonshommes de lettres. Le garçon m'a assuré que quelques cabotins en disponibilité remplissaient ce triste rôle.

Je proteste.

Je te serre dans mes bras, ma Nini, en te promettant, si tu es bien sage, deux billets pour visiter, dans leurs appartements réservés, messieurs les orangs-outangs du Jardin des plantes.

## XI

Paris, 5 mars 1865.

Beau et bon bébé,

Tu as été tout plein gentille cette semaine, je n'ai qu'à me louer de tes prévenances : aucun bouton n'a manqué à mes chemises; mes draps, mercredi, le jour de la blanchisseuse, étaient d'une blancheur éblouissante, je me suis miré dans mes bottines comme dans un miroir de Venise; bref, j'ai nagé dans un océan de délices. — Tu n'es pas une femme, tu es un ange, une providence.

Sois calme, tu auras, cet été, ta robe d'organdi avec un petit mantelet à 39 francs et une ombrelle dans les prix doux, pour courir, comme deux amoureux, ou plutôt comme deux toqués, dans les bois de Meudon et de Viroflay; c'est moi qui te le dis.

Maintenant, soyons sérieux :

Tu m'as entendu bien souvent te parler de la liberté des théâtres. Tu te souviens qu'un soir, au café du Grand-Balcon, il y a de cela trois ans, Commerson, de sa voix douce, sympathique, et qui vous va droit au cœur comme une lettre à la poste, agita cette question. Il creusa même si bien son sujet, sut si bien l'approfondir et faire miroiter à tes yeux tous les avantages qui pouvaient en résulter, que tu t'es écriée : « Mais c'est charmant, faudrait imprimer ça dans le *Tintamarre*, tout le monde applaudira, tout le monde y mordra, c'est pas difficile à faire. »

Et Commerson a suivi ton conseil. Le premier, oui, le premier il a réclamé la liberté des théâtres.

Hélas, il n'a pas eu de chance, mon cher maître; son enfant est venu, mais il est mal venu. On a dû employer les fers, et l'horrible Société Nantaise s'est un peu chargée de cette triste besogne.

On se figurait naïvement voir les jeunes arriver et les vieux partir, on croyait voir de nouvelles salles s'élever, de nouveaux talents surgir. — Allons donc!

Nous avons eu : la salle Saint-Pierre, une grange; le Petit-Théâtre, un tiroir de commode; le théâtre Saint-Germain, une Sibérie en miniature. On a joué là dedans des ordures; quelques cabotins et quelques drôlesses, avant de retourner, les premiers dans des ateliers dont ils n'auraient jamais dû sortir, et les secondes dans les loges enfumées de mesdames leurs mères, ont bégayé la prose maladive d'auteurs plus malades encore. Nous avons même vu un maçon directeur, assister gravement à ce premier vagissement de la liberté théâtrale!!!

Horrible! Et M. Arthur Arnould, un jeune qui vient de plaider la cause des jeunes avec un talent remarquable, dans sa brochure intitulée : *La liberté des théâtres et l'Association des auteurs dramatiques*, a raison quand il dit aux inconnus d'aujourd'hui qui peuvent être célèbres demain :

« Seuls et isolés, vous êtes vaincus, parce que vous êtes faibles. — Unissez-vous et vous serez forts. — On vous donne la liberté, sachez en user, et vous en montrer dignes, car on mérite les injustices que l'on subit! Il y a des abus? Marchez contre les abus, écrasez-les. Si vous valez quelque chose, montrez-le autrement que par des protestations stériles et une lâche résignation. »

Est-ce assez bien raisonné? Mais je m'aperçois que tu ne trouves pas cela très-gai; passons.

Depuis que je t'écris chaque dimanche, et cela date du mois de décembre dernier, je ne t'ai point encore parlé des bals masqués de l'Opéra, du Casino et de Valentino.

Que veux-tu? Dans ces endroits-là, quand on n'y perd pas, quand on n'y gaspille pas sa force virile, son intelligence, ses convictions littéraires, morales, politiques et humanitaires, on est sûr de s'y ennuyer à vingt-sept sous l'heure. J'ai tâté de tous, j'ai coudoyé là dedans des gens pas drôles du tout; plus que jamais je me suis dit : Allons plutôt à l'Odéon, du moins on peut y dormir.

Mardi, tu avais du vif-argent dans les veines; à tout prix, il te fallait un bal de nuit et je t'ai conduite au Prado.

Je remercie ton vif-argent, car, chose épatante, je m'y suis amusé, récréé, bien que Commerson m'ait déclaré que la première fois qu'on m'y verrait traîner mes sandales, il ne m'imprimerait plus. O mon père! excusez la passion de Nini pour Bullier, excusez mon entraînement, applaudissez à ma faiblesse, — là-bas, tout là-bas, on est encore jeune.

Et puis, homme intègre, j'y ai commis des vers que voici, pendant que Nini causait avec un agent de change qui, dans le temps, a eu quelques bontés pour elle et pour son innocence :

*Air commandé à Paul Henrion pour la Toussaint.*

Quand le velours s'associe à l'hermine,
Quand il fait bon à se chauffer à deux,
Quand des passants l'hiver bleuit la mine,
Quand l'air est gris et le pavé bourbeux,
Moi, je me dis qu'à cette heure mauvaise
Où vivre semble un attristant fardeau,
Monsieur Bullier nous ouvre sa fournaise...
Voilà pourquoi je m'en vais au Prado.

On s'y bouscule, on s'y pince, on y crie ;
Y'a des cabots, des calicots, des daims ;
Y'a Voyageur, Canot et compagnie,
Aimant le champ', la valse et les sequins.
Jules Moineaux y prend parfois la rime
Qu'aux Bouffes doit demain beugler Pradeau ;
Moi qui n'tiens pas à c'que Ponsard m'estime...
Voilà pourquoi je m'en vais au Prado.

Oui, cher maître, excusez-moi, ne me faites pas la farce de me faire une retenue sur mes appointements. Vingt-cinq printemps n'ont pas encore tout à fait folâtré dans ma chevelure, j'adore Nini, je respecte ses toquades et je ne porte pas encore de bretelles.

Passons encore.

Tu me demandes une recette pour te faire des cheveux rouges; tu as essayé, m'insinues-tu, de celle publiée dans un journal du soir à trois sous, et tu es loin d'en être satisfaite. La recette en question n'a profité qu'à ta blanchisseuse; ta taie d'oreiller n'a plus rien à envier aux cheveux de Parade, et — elle est perdue. Petite folle, la recette est des plus simples; c'est un traitement facile à suivre, en secret et en voyage, sans que personne ne s'en doute!

Lis les feuilletons du *Siècle,* tu rougiras si bien et si fort, que cette rougeur se communiquera à tes blonds cheveux, et tu seras rouge au moins pour six mois.

Passons encore.

On s'étonne, dans un certain théâtre que je ne nommerai pas, des nombreux spectateurs qui envahissent chaque soir la première galerie et les fauteuils d'orchestre. Chose étrange, la recette varie, chaque soir, entre 148 et 152 francs. Quel est donc ce mystère? Oh! c'est bien simple!

Le directeur de ce bouiboui, lors d'un voyage à Londres, a acheté le cabinet de Curtius. Or, au moment où la claque pénètre dans la salle avant le public, on introduit délicatement les mannequins, on les époussète avec soin, on les sème çà et là, et le tour est fait.

Avis à M. de La Rounat (prononce M. Ch. Rouvenat).

Que ceux qui doutent de la chose viennent me le dire, je les mènerai à ce théâtre, je leur ferai toucher du doigt ces spectateurs d'un nouveau genre, et ils verront bien s'ils ne sont pas en coton et en bois.

Passons encore, mais pour une dernière fois.

Tu connais la petite B...? quelqu'un s'informait hier de sa santé un peu chancelante :

— Comment allez-vous, belle dame?

— Parfaitement : la preuve, c'est que je suis allée hier aux Tuileries visiter *la salle des* MARAICHERS.

Voilà une excellente petite camarade, un bon petit cœur, qui devrait bien tourner deux fois sa langue dans sa bouche avant de parler.

Au revoir, beau et bon bébé; je ne t'embrasse pas, je t'étreins; je ne t'étreins pas, je t'étouffe.

## XII

Paris, 10 mars 1865.

Beau chien aimé,

Presque rien cette semaine, ou plutôt toujours la même chose, toujours les mêmes turpitudes.

J'ai changé de chemise trois fois, et, les trois fois, j'ai constaté, non sans un serrement de cœur à la clef, que ma blanchisseuse avait escamoté l'empois avec la même facilité que M. Clairville escamote l'esprit dans a plupart de ses pièces. — Je suis allé prendre un bain de vapeur, et j'y ai sué comme à une première de M. Octave Feuillet. — J'ai soupé mardi soir chez le pharmacien Péters. On m'y a servi un bouillon froid. En l'avalant, j'ai pensé à cette pauvre *Société Nantaise,* et je me suis dit : On persiste à appeler injustement cette société *Société Nantaise;* en la désignant sous la rubrique si connue de SOCIÉTÉ HOLLANDAISE, on serait beaucoup plus dans le vrai. N'a-t-elle pas bu déjà quelques bouillons depuis son premier vagissement?

J'ai reçu des volumes stupides avec dédicaces et sortant pour la plupart de l'usine Michel Lévy; mes amis ont dit beaucoup de mal de moi. et quelques-uns de mes ennemis intimes quelque bien ; plusieurs cabotins m'ont demandé des réclames et plusieurs drôlesses une lettre de recommandation pour M. Hippolyte Cogniard, à seule fin de figurer dans la *Belle Hélène ;* j'ai avalé des books frelatés, fumé des londrès douteux, lu des journaux idiots ; et, enfin, j'ai coudoyé une centaine de gâteux qui m'ont tous abordé ainsi : Étiez-vous au bal de Gaspari, vous, son intime ?

Il paraît, mon chien aimé, que la petite guerre que je fais à ce directeur d'outre-Seine, dans les colonnes du *Tintamarre,* intrigue pas mal de gens. Je n'en veux pour preuve que les lettres que je reçois chaque jour, et qui toutes se terminent par la même phrase : Expliquez-vous d'une façon plus claire.

Soit ; et tu m'excuseras si, pour la dernière fois, je te cause de mossieu le directeur du théâtre de Bobino. Je veux, aux yeux de mes confrères et aux yeux du public, qui me lit chaque dimanche avec rage, m'expliquer d'une façon plus claire. Je veux dire à tous et à toutes, grands et petits, pensionnaires de M. Husson ou sociétaires de la Comédie-Française, abonnés du *Siècle* ou de l'*Union*, vaudevillistes ou académiciens, rétameurs ou boursiers, décrotteurs ou chemisiers, acteurs ou cabotins, pourquoi M. Gaspari est ma bête noire, mon cauchemar, et pourquoi je le poursuis de mes foudres tintamarresques.

Je n'aime pas M. Gaspari :

1° Parce qu'il joue les pièces de M. Dulauroy, et que ces pièces, très-mauvaises (dix mille personnes partagent mon opinion), il ne les joue que parce que ce vaudevilliste âgé et jouissant d'une certaine aisance, fait fi de ses droits d'auteur.

C'est là un abus des plus criants, et je suis heureux de le signaler. Qu'on exploite les jeunes, je le veux bien. Ils ont tellement envie de se faire jouer, que pour voir leur nom sur l'affiche, vingt sur vingt-deux abandonneraient encore au directeur, avec leurs droits, leur par-dessus par-dessus le marché. Mais qu'un vaudevilliste âgé fasse ce métier-là depuis sept ans, un vaudevilliste qui ne connaît la société des auteurs dramatiques que de réputation, voilà ce que je ne puis admettre.

M. Gaspari, l'aimable M. Gaspari, a donné le sucre d'orge à sucer à Dulauroy ; il lui a ouvert ses portes, il l'a bercé et il n'a pas grandi. Il est temps que d'autres plus jeunes et ne demandant qu'à courir, aient leur tour, sapristi !

Je ne suis pour rien dans la question, je le déclare tout d'abord carrément. Un jour, jour néfaste, M. Gaspari m'a joué *gratis pro Deo*, et on ne m'y repincera plus. J'ai l'honneur de faire partie de la Société des auteurs ; — or, les statuts de cette société (autrement forts que ceux de la Société hollandaise), s'opposent formellement à ce trafic-là, et mes principes aussi, du reste.

Je n'aime pas encore M. Gaspari :

2° Parce qu'il se moque de la critique et des journaux ; — or la critique et les journaux, c'est le public, c'est l'opinion de tous par un seul.

Je n'aime pas encore M. Gaspari :

3° Parce que, enivré par les succès qu'obtiennent chaque soir dans sa boîte à musique les couplets de Choler et les mollets de ces dames, il est devenu des plus arrogants. Ce n'est plus un directeur, c'est une divinité et sa serinette un temple. Je me souviendrai toujours du soir, où, ayant commis la faute grave d'éternuer, alors que madame la Directrice était en scène, ce directeur intelligent m'a gracieusement envoyé un municipal dans ma loge. Ç'eût été ou mademoiselle Louisa, ou mademoiselle Antonia, ou mademoiselle Jacobus, ou mademoiselle Anna, que j'aurais trouvé le procédé charmant, mais un gendarme, sapristi, ça ne se fait pas !

En voilà assez sur *il signor Gasparo di Bobini ;* — il a donné un bal par souscription (1 fr. 25 le cachet). Que mon absence lui soit légère ! Ce bal était précédé d'un souper ; — si je n'y suis point allé, c'est que je savais, et de source certaine, qu'il n'y avait pas de choucroûte, et je l'adore. — Il n'y avait que du veau.

A cette soirée, un petit journaliste a glissé dans la poche de Gaspari le quatrain suivant — il n'a pas dû sourire en le lisant.

Le voici dans toute sa naïveté :

Il veut donner des bals, il veut donner des pièces,
  Le tout au plus bas prix,
Mais c'est en vain ; avec ses cascades épaisses
  Il a GACE PARIS.

De Bobino au marronnier du 20 mars il y a loin, mon chien aimé, n'importe : franchissons la distance dare dare.

Les feuilles à trois sous et avec cautionnement impriment chaque jour cette phrase : « Encore quelques jours et le marronnier, dit du 20 mars, sera en fleurs. »

Ça me fait plaisir, mais j'avoue que je serais encore plus heureux si, imitant l'exemple du marronnier en question, et sous le souffle bienfaisant du printemps, d'autres choses pouvaient fleurir : la bonne confraternité, la hardiesse, la véritable amitié, le vrai amour, la sincérité, etc., etc., etc. Comme ça serait joli, mon Dieu, comme ça serait joli! Plus de drôlesses à falbalas à promener, le dimanche, dans les bois de Meudon, mais de belles et bonnes filles en simple robe d'organdi. Plus d'hypocrisie, de la franchise ; — plus de faux sourires, de franches poignées de mains; plus rien du présent, tout du passé : à la place des romans de MM. Zaccone et de Montépin, ceux de Paul de Kock à la place de la dinde mal truffée, la choucroûte.

Hélas! l'Odéon lui-même a des succès, — tout est bouleversé!

**Nous étions malheureux, c'était là le bon temps.**

a dit Andrieux; — Andrieux était dans le vrai.

. . . . . . . . . . . . . . . . . .

Je te raconterais bien quelque chose encore, car voilà une lettre bien courte et bien écourtée; cela ne sera pas; — excuse-moi, je suis affligé d'un panari de première essence et d'une envie démesurée de relire les *Mémoires de Thérésa*.

Je t'embrasse comme je t'aime, mon chien aimé, et je dépose à tes pieds toutes les forces morales et physiques dont un homme aussi maigre que moi peut disposer.

## XIII

Paris, le 24 mars 1865.

Le gros chien aimé,

Dimanche dernier, un de mes amis, infirme au physique et au moral, m'est venu prendre au saut du lit, et, sous prétexte de m'abreuver de grand air, de verdure et de soleil, m'a conduit à Asnières.

Je n'ai trouvé là rien de ce que m'avait promis mon infirme; depuis onze heures du matin jusqu'à minuit (tu vois que le supplice a duré), j'ai souffert comme il n'est pas possible de souffrir.

C'était inévitable.

On ne va pas, on ne doit pas aller à Asnières quand on a pour deux liards d'intelligence, et surtout quand on a le bonheur de compter au nombre de ses meilleurs amis, que dis-je, quand on est nourri, couché, blanchi et entretenu par cet homme d'esprit qui a nom Commerson; et le *Tintamarre* pour gagne-pain.

Enfin j'y suis allé, j'en suis revenu; et maintenant, Asnières-les-Egouts, à nous deux, mon amour, réglons nos petits comptes! Je vais te prendre par la douceur, te dire ton fait gentiment, causer avec toi comme un galant homme qui connaît les convenances et ne s'en écarte jamais. Je serai bref et concis.

Ta population, chère petite commune, est une population que je respecte l'hiver, mais que j'abomine quand vient la saison des asperges et des petits pois. Tout est changé alors : les petites dames, les calicots, les canotiers, les canotiers surtout, gâtent ton paysage et jettent un froid dans l'enthousiasme du poëte et du rêveur

Tu me fais pitié, Asnières-les-Egouts!

Tu es le rendez-vous de tous les poseurs, de tous ces petits messieurs et de toutes ces drôlesses pour qui la conversation de la Boisgontier est le dernier mot de l'élégance, et qui, au sortir d'une nuit d'orgie, ne trouvent rien de plus drôle que d'aller cuver leur beaune première frelaté place de la Roquette, un jour d'exécution.

Tu me fais pitié, Asnières-les-Egouts!

Ainsi, douce amie, toi qui a toujours préféré tes confitures de bonne ménagère à celle des restaurants à 32 sous, et le *Tintamarre* à la *Revue des Deux Mondes*, si tu veux passer quelques heures le dimanche à la campagne, ne fais pas comme ton serviteur, ne vas pas à Asnières-les-Egouts!

Vas plutôt au Raincy, dimanche prochain, c'est la fête du pays. Je ne te dis que ça.

Le même gâteux qui m'avait conduit à Asnières dimanche et qui est bien le crampon le plus agaçant qu'on puisse imaginer, a tenu absolument à me payer le lendemain *les Calicots,* cet Austerlitz de notre bon ami Harellouismarie.

Je me suis laissé faire, il m'a traîné aux *Folies-Dramatiques* calme et résigné. En effet, je ne demandais pas mieux que de pouvoir, une fois dans ma vie, être agréable à notre bon ami Harellouismarie et constater son triomphe.

La pièce de MM. Thiéry et P. Avenel m'a amusé;

j'ai ri, donc je suis désarmé : une seule chose, toutefois n'a pas laissé que de m'agacer : un des personnages, le plus ridicule de la pièce, s'appelle Rossignol, et j'avoue que je me sentais très-peu à mon aise lorsque j'entendais des phrases dans le genre de celle-ci, que je recevais en plein visage :

— Est-il assez bête, ce Rossignol!

— Tiens, voilà ce crétin de Rossignol!

— Rossignol, tu es le réservoir de toutes les turpitudes!

Pour me venger des auteurs, je leur dirai que leur ronde du deuxième acte n'est pas drôle du tout, mais, là, pas du tout. Il n'était réellement pas nécessaire de faire chanter ce hors-d'œuvre pour amadouer MM. les Calicots. La chose est sans excuse, et d'autant plus que les auteurs, en flattant MM. les Calicots, frappent à bras raccourcis sur le reste du genre humain. Témoin ce vers :

C'est simplement les hommes qui sont sots.

J'aime assez *sont sots ;* comme euphonie, ça laisse bien un peu à désirer, mais que voulez-vous? On n'est pas parfait, — chez notre bon ami Harellouismarie surtout.

Enfin, cette petite soirée passée chez notre bon ami Harellouismarie m'a appris, ce dont j'étais loin de me douter, que les Calicots sont la gloire de Paris, et que s'ils venaient à disparaître, le commerce, l'industrie, les arts, la littérature, tout ce qui fait la gloire de la grande ville serait flambé.

Harellouismarie, merci !

Pour finir, quelques mots :

A LA SIXIÈME CHAMBRE DE POLICE CORRECTIONNELLE

— Accusé, vos nom et prénoms ?
— Jules Barbanchu.
— Votre âge ?
— Dix-neuf ans.
— Quels sont vos moyens d'existence ?
— Fabricant de trompettes pour le jugement dernier.

††

AU CAFÉ DE LA PORTE SAINT-MARTIN

Paulin Ménier abordant Victor Koning :
— Tiens ! tu ne portes donc pas ton ruban ?
— Mon ruban ?
— Mais oui.
— Je ne suis pas décoré.
— Ah ! c'est juste, ce n'est pas toi, c'est d'Ennery.

††

AU FOYER DE BOBINO

Est-ce vrai que la petite Julia est à Clichy ?

— Très-vrai, ma chère.

— Je croyais cependant qu'on ne mettait jamais les femmes en prison pour dettes.

— Quelle balançoire! Irma en est sortie il y a huit jours. Malheureusement, Julia aura beau se démener, je suis bien sûre qu'elle ne pourra jamais faire lever son écrou, elle!

†† 

### AU CAFÉ DE SUÈDE

— Dis donc, Hamburger, toi qui es très-fort, sais-tu ce que c'est qu'une infante?

— Parbleu! répond Hamburger, qui ne doute jamais de rien, une infante, c'est une femme qui a commis un infanticide.

††

Le même Hamburger a laissé tomber ceci sous lui hier soir :

— J'entends toujours dire mademoiselle Leneingère aux Folies-Dramatiques :

Gère quoi?

. . . . . . . . . . . . . . . . .
. . . . . . . . . . . . . . . . .
. . . . . . . . . . . . . . . . .

Excuse-moi, c'est dans le sang, et que cela ne t'empêche pas de me faire risette.

A bientôt, mille vieilles et bonnes amitiés.

## XIV

Monaco, 27 mars 1865.

Beau chien aimé,

J'y suis et j'y perds. J'y perds d'abord ton amitié, l'estime de plusieurs de mes concitoyens et quinze cents jolis francs.

Sois tranquille, dors sur tes deux petites oreilles, achève *le Roman d'un jeune homme scrofuleux*, de Paulin Limayrac, car lundi, sans faute, je serai dans tes bras, et je verrai bien, rien qu'en examinant tes beaux grands yeux, si tu as été sage, si tu as préféré à l'Odéon le théâtre du Palais-Royal, et à l'ordinaire de Madame Charles, les truffes à la serviette de la Maison-Dorée, de Deffieux ou de Brébant. Tes caresses, tes soupirs et tes protestations seront inutiles, chien aimé. Je te le répète : je verrai et je saurai si tu t'es bien conduite, rien qu'à l'inspection de tes yeux.

Là bas, tout là bas, il y a bien un peu de soleil, beaucoup d'orangers, pas mal de joueurs, mais c'est triste, triste ; le soir, je pense à toi, au boulevard, au café Véron, à Koning, à Commerson, à M. Gaspari, à Vavasseur, à Thérésa, et comme il me tarde de revoir tous ces visages amis, je vais boucler ma valise aussitôt cette lettre achevée. Peut-être arriverai-je à temps pour en corriger les épreuves et emprunter quarante-cinq sous à Ernest. — Ernest est un grand cœur, un caissier intègre, une bonne pâte d'homme qui ne refusera pas ce petit service à un rédacteur du *Tintamarre,* qui revient de Monaco sans en rapporter.

Voilà un voyage qui ne m'aura pas engraissé !

Dernièrement, tu me demandais, entre deux bouffées de cigarettes, ce que j'entendais par une drôlesse, et tu me reprochais d'employer cette épithète-là trop souvent. — Tu ne fais pas exception, mon beau chien aimé. Voici ce que m'écrit une nommée Rosalba. — La missive est datée du 18 février 1865, et d'Asnières-les-Egouts. Je ne la décachète qu'à Monaco. C'est étrange, mais cette étrangeté explique assez mon silence ; il est impossible, même à un malheureux chroniqueur du *Tintamarre,* à un diminutif d'Albéric Second, d'Henri Rochefort et d'Auguste Villemot d'être tout à la fois à Asnières-Gadouville et à Monaco.

Attention, je commence ; prends ta guitare et accompagne, c'est tout un poëme.

« Mon cher Rossignol,

» *Je vis retirée dans une petite villa* (eh bien ! t'as de la veine !), *loin du bruit du monde* (tu t'es cloîtrée enfin, dis-le tout de suite), *et je ne lis le* Tintamarre

QU'AU CAFÉ DÉSIRÉ, A ASNIÈRES, *de loin en loin* (mais, sapristi, il y a du monde, au café Désiré, ou alors il ne fait pas ses affaires). *Aujourd'hui, il me tombe sous les yeux* (quelle veine pour ma pauvre et chétive prose !) *un article signé de ton nom mélodieux, dans lequel tu te permets à mon égard une familiarité de mauvais goût, qui me décide à te TUTOYER, quoique ne te connaissant pas* (eh bien ! franchement, tu as tort, Commerson en a rougi pour moi). *Je te prie de rectifier un fait inexact et que tu insinues traîtreusement* (cet adverbe m'agace bigrement), *à savoir que je n'ai jamais publié de mémoires. Je me suis toujours trop respectée* (c'est ta famille qui doit te bénir, sapristi, doit-elle te bénir ! !) *pour donner dans ce travers.* . . . . . . . . . . . . . . . . . . . . . . . etc., etc., etc., etc., etc., etc.

J'en passe, le restant de la lettre en question n'étant qu'un tissu de saletés, mademoiselle Rosalba allant jusqu'à vouloir m'insinuer qu'un de mes excellents confrères, Victor Koning, m'a débiné. J'ai demandé des renseignements à Koning, et Koning ne connait pas mademoiselle Rosalba, ou du moins, s'il l'a en entrevue, entre deux books ou dans les coulisses d'un bouiboui quelconque, il n'a jamais tenu le langage que lui prête mon aimable cascadeuse.

Triste, triste, triste ! horriblement triste !

Et tout cela, parce que j'avais prononcé le mot DRÔLESSE, dont tu me demandes la signification.

Une drôlesse, enfant, c'est une femme qui quitte un beau soir l'atelier de son père, ou la loge de sa tante, et qu'on retrouve quinze jours après à Mabille, ou dans les avant-scènes des Variétés, couverte de velours, de soie, de bijoux et de dentelles, que son déshonneur a payés trop largement. Elle adorait hier le pot-au-feu et le pain bis de la famille, elle les dévorait, — l'honnêteté lui servait d'absinthe. Aujourd'hui, elle grignotte du bout des dents les pains viennois et les perdreaux truffés des restaurants en vogue, et insulte les garçons. Elle sent le vice, elle se maquille, elle dégoûte. — Dieu te préserve des drôlesses, et fasse le hasard que nous retrouvions, avant peu, de ces bonnes filles, qui nous disaient carrément : « Voilà mon cœur, brise-le et fais des morceaux ce que bon te semblera. » J'aime mieux cette phrase-là que celle-ci : « Mon cœur : le voilà, combien m'en donnes-tu ? »

> De toutes ces femmes qui traînent
> Les poëtes à leurs talons,
> Il n'en est pas deux qui comprennent
> La langue que nous leur parlons.

Poëtes, méfiez-vous donc des drôlesses à falbalas et tapez dessus

Tu comprends, chien aimé, que je n'ai pas de

grandes nouvelles à t'apprendre. Si les orangers fleurissent ici, il n'en est pas de même des nouvelles. J'ai lu quelques journaux, mais ils se gardent bien de me renseigner. Tout à l'heure, le dernier numéro de la *Vie parisienne* m'est tombé sous les yeux. Je me suis cru sauvé; — j'errais.

Un article sur un tailleur, M. Humann, m'a très-diverti.

Dans cet article, placé presque en tête du journal, on appelle M. Humann une CURIEUSE INDIVIDUALITÉ; on discute la PHILOSOPHIE DE SA PROFESSION. — C'est un homme, ajoute notre confrère, à la figure gracieuse, aux cheveux blancs abondants, au sourire bienveillant, au regard fin et vous toisant d'un coup d'œil des pieds à la tête.

Moi, je dis : C'est un tailleur qui a payé vingt sous la ligne, à seule fin d'avoir l'honneur d'être encensé par M. Marcelin.

Est-clair, *Marcel, hein?*

J'aime bien ta famille, mon beau chien; toutefois je te conseille de ne pas trop abuser de ma faiblesse, ou je t'envoie figurer à l'Odéon, dans les pièces de M. Plouvier. Ton petit cousin, qui m'a accompagné au chemin de fer, il y a huit jours, a été très-canaille. Il m'a avoué, de l'air le plus simple, qu'il lui fallait une place au *Tintamarre;* qu'il avait, tout comme un autre, du brio, de la verve, de l'originalité, de l'entrain et plusieurs articles en portefeuille.

Qu'ils y restent! Je ne veux pas de ton petit cousin. Le pauvre bébé ne se doute pas de ce qu'il faut de courage, d'intelligence et d'abnégation pour faire ce petit métier-là.

Il est joli le journal où je barbotte!

Au bout de six mois que j'y pataugeais, voilà l'épitaphe anticipée que mon bien-aimé maître Commerson m'envoyait en pleine poitrine :

> Ci-gît un grand dadais, sec comme un échalas,
> Elle vous l'a ravi, la Mort cruelle, hélas!
> Lecteurs, dont ici même il faisait les délices,
> Quand il vidait pour vous son sac plein de malices!
> Il était fort savant, connaissait le sanscrit,
> Le grec et le latin, et la langue espagnole.
>     Peu d'hommes eurent son esprit,
>     Mais aucun d'eux n'eut l'ai R AUSSI GNOLLE.

Là-dessus, à dimanche prochain, mon chien aimé, n'oublie pas d'ourler mes mouchoirs et de raccommoder mes chaussettes.

## XV

Paris, le 2 avril 1865.

Bonne Nini,

C'était vendredi matin. La cinquième heure venait de sonner à ma bonne pendule de Tolède, et je dormais encore.

Toi aussi, n'est-ce pas? Mais là n'est pas le palpitant de la chose. Arrivons au fait.

Tout à coup ma sonnette s'agite; mon valet de chambre saute à bas de son lit, ouvre et revient m'apporter la missive suivante :

« Mon petit,

» Il me faut, pour le numéro de dimanche, que 500,000 idiots dévoreront, comme toujours, avec rage, une balançoire sur

LES POISSONS D'AVRIL.

» Arrangez-moi ça convenablement, sans trop de personnalités, et que ça ne traîne pas, je vous prie.

» Votre tout dévoué,

» COMMERSON. »

Zut! fut ma seule réponse, que mon valet de chambre transmit avec une scrupuleuse exactitude à l'Auvergnat de Commerson.

Puis je me rendormis, et mon valet de chambre également, non sans avoir maudit et le *Tintamarre* et son rédacteur en chef.

Nous en étions, si je ne m'abuse, à notre trente-neuvième ronflement, lorsqu'un coup de sonnette, plus vigoureux encore que le premier, et capable de réveiller un bataillon de gardes nationaux, nous força à ressauter à bas de nos lits.

— Monsieur, me dit mon valet de chambre, ça va-t-il bientôt finir ce métier-là? J'en ai plein le dos de votre bicoque de maison.

— Jean, soyez plus poli, et allez ouvrir.

— C'est bien pour te faire plaisir, va, journaliste de bas étage (1).

Et mon valet de chambre disparut bientôt pour reparaître en proie à une émotion qu'un rédacteur du *Siècle* pourrait seul dépeindre.

— Ah! ma vieille, en v'là une qui n'est pas dans un sac!

— Jean, soyez plus poli.

— Vous ne savez pas? C'est M. Ponsard.

---

(1) Ne vas pas t'étonner du peu de politesse de mon valet e chambre. Cet homme a été dix ans au service de M. de Montalembert.

— Impossible !

— Voici sa carte.

La carte n'était pas une balançoire, j'y lus :

## F. PONSARD

*De l'Académie française.*

Je passai, sans hésiter, ma robe de chambre et dans mon salon, où je surpris M. Ponsard dévorant d'un regard bien étrange, pour un académicien de fraîche date, un superbe Murillo, que je dois à la munificence de M. de Rothschild.

Je m'inclinai, il s'inclina, je lui serrai la main, il me la serra, et je lui dis :

— Monsieur, qu'y a-t-il pour votre service ?

— Vous êtes un garçon d'esprit, un peu sans gêne, un peu canaille.

— Monsieur !!!

— Mais on n'est pas parfait. L'Odéon et le Théâtre-Français m'embêtent, je les lâche, et je veux que vous me présentiez à M. Gaspari. Faut que je fasse la pièce d'été, les lauriers de Choler m'empêchent de dormir.

— Mais je n'ai aucune espèce d'influence sur M. Gaspari.

— N'êtes-vous pas l'auteur d'*Un Malfaiteur?*

— Certainement, un petit chef-d'œuvre.

— Que j'ai applaudi, monsieur.

— Cet aveu me désarme; je vous présenterai demain à mon directeur; je ne doute pas qu'il vous accueille avec bonté, et vous succéderez, sur l'affiche du théâtre du Luxembourg, à M. Saint-Agnan Choler. A propos, le titre de votre pièce, s'il vous plaît?

— *Ceux qui mâchent à vide.*

— Joli titre; *Roule ta bosse* est enfoncé. Mais permettez-moi de vous demander à mon tour un petit service.

— Lequel?

— Faites-moi un article pour Commerson.

— Volontiers. Donnez-moi une plume, de l'encre, du papier, une chaise, une table, et tout ce qu'il faut généralement pour écrire.

Je sonnai Jean, et il servit M. Ponsard, que je laissai seul une heure environ.

Lorsque je revins, M. Ponsard dormait du sommeil du juste, et son papier était aussi blanc que les épaules de mademoiselle Paurelle.

— Eh bien, mon cher monsieur, lui dis-je, et mon article?

— Ton article?

— Oui, mon article!

— Du flan!

Ce tutoiement, cette exclamation me donnèrent à penser que je devais être l'objet d'une mystification. Je regardai bien en face M. Ponsard.

Horreur!...

Ça n'était pas M. Ponsard.

C'était... c'était Vavasseur.

Ris si tu le veux, quant à moi, je ne m'en consolerai jamais.

Tu penses bien qu'après cette histoire lamentable, mais véridique, je ne t'en dirai pas plus long aujourd'hui.

Mille baisers, et à dimanche prochain.

---

## XVI

Paris, le 6 avril 1865.

Chère enfant,

Mercredi soir, une idée étrange m'a poussé au momoment de la digestion.

Je suis allé aux Folies-Dramatiques, et je te réponds que si cette petite fantaisie m'a coûté deux francs, j'en ai eu pour mon argent. Ce qui m'avait attiré dans l'immeuble de la rue de Bondy, ce n'étaient certes ni les cheveux blonds de mademoiselle Leinenger, ni la face réjouie et couperosée de Vavasseur, ni les dorures de la nouvelle salle. Non, mille fois non, je venais là pour entendre Renard, qui devait chanter aux troisième et quatrième actes du *Pays latin* le *Testament du poëte*, *Madeleine*, et *Comme on aime à vingt ans*.

Renard possède encore une voix charmante, qui a transporté toute la salle, et de sincères bravos sont venus donner un démenti formel aux bruits absurdes qui circulent sur notre premier ténor. Comme je savais fort bien ne pas trouver Commerson dans la salle, j'y suis allé très-carrément de mes petits trépignements de pieds, signe certain chez moi d'une satisfaction très-grande. — Je dis cela pour les gâteux qui, un jour ou l'autre, jugeraient à propos de faire ma biographie.

Mais avant d'en arriver là, par quelles cruelles épreuves ai-je dû passer, mon Dieu! Je ne veux certes pas médire de la pièce de MM. Dunan-Mousseux, Maubeuge et Voisin, mais, sapristi, quelle interprétation, quelle mise en scène, quels décors, et surtout quels accessoires!

Nous arrivons au piano, que je te signale ainsi qu'à mes confrères comme le chef-d'œuvre du genre. Comment diable M. Harel (Louis-Marie), qui a si souvent vendu son piano, n'a-t-il pas eu l'idée d'en louer un pour la circonstance. Si je ne me trompe, pour dix francs par mois, on en voit la farce.

Allons, cher directeur, un peu de courage à la poche, vendez ce piano sur les touches duquel madame

Philippe fait courir en vain, chaque soir, ses doigts effilés, et le *Tintamarre*, que je vais forcer à me rembourser mes deux francs, sera satisfait.

A propos, un dernier mot, monsieur Harel : conseillez donc à mademoiselle Kid, chargée du rôle de Remy, d'avoir un peu moins d'aplomb sur vos planches et un peu moins de rouge sur ses lèvres. Et puis, pendant que vous y êtes, conseillez donc aussi à vos ouvreuses d'être plus polies; j'ai été reçu dans votre petite boîte comme un académicien ne serait pas reçu chez Markowski; — il n'était cependant pas écrit sur mon chapeau que je fais partie de cette pléiade d'hommes d'esprit groupés autour de Commerson, au grand déplaisir des idiots, mais à la grande joie de tout ce que Paris peut compter d'hommes vaccinés et intelligents.

Ces lignes écrites, j'ai peur comme si j'avais commis une mauvaise action. Mais, bast! on doit dire la vérité à ses amis, et M. Harellouismarie, tu ne l'ignores pas, nous est cher à un milliard de titres.

Passons donc à des idées plus riantes.

Je t'ai parlé dernièrement d'une espèce de crétin qui avait déposé dans notre boîte douze vers.

Les douze vers insérés, voilà notre crétin qui double la dose et nous en envoie vingt-quatre.

Je n'en insérerai que douze, la dose serait trop forte, cher correspondant; songez que nos lecteurs ne sont pas habitués à votre poésie, et méditez le proverbe :

L'excès en tout est un défaut.

### A MON ANCIENNE

Au temps où vous aviez un teint
Mélangé de roses et d'albâtre,
Vous étiez classée, au théâtre,
Entre Rigolboche et Tautin.

Les gandins mettaient, pour vous suivre,
Un louis en guise de lorgnon ;
A présent, mon pauvre trognon,
Vous ne savez plus comment vivre.

Vos appas, vos dents, vos cheveux,
Tout est parti, mon amoureuse...
Une place de balayeuse,
C'est ce qui vous irait le mieux.

Je termine par deux folies :

### I

#### AU CAFÉ DU HELDER.

— Tu as donc quitté la petite Julia ?
— C'est-à-dire que c'est elle qui m'a quitté pour je ne sais quel cocodès.

— Mais elle t'adorait?

— Je crois bien : une femme qui a passé un mois à me broder la blague la plus délicieuse. Ah! moi qui croyais à tous ses serments, me tromper ainsi

— Mais au moins tu as gardé d'elle un bon souvenir?

— Oui, sa blague.

## II

Dans le compte rendu du procès de MM. Aurélien Scholl et Paul de Cassagnac, la *Gazette des Tribunaux* s'est joliment mis le doigt dans l'œil.

L'aimable cascadeuse gratifie notre spirituel confrère Henri Rochefort de quarante-deux printemps. Or, c'est à peine si trente hivers ont passé sur sa tête.

Le lendemain du procès, Siraudin, qui lisait au café Véron le malencontreux compte rendu, aperçoit Rochefort.

— Dites donc, mon cher, ce procès a dû bien vous ennuyer.

— Dame, oui, répond Rochefort, et puisque vous venez de lire la *Gazette des Tribunaux,* vous avez dû voir qu'il m'a vieilli de dix ans.

Au revoir — bien à toi et toujours à toi!

## XVII

Paris, le 8 avril 1865.

Gros bébé,

Je suis allé rue de Lyon, cette semaine, au Grand-Théâtre-Parisien ; j'ai pénétré dans cette nouvelle salle en chroniqueur qui remplit bien son devoir. Je n'ai à me plaindre ni du voyage, ni de ma soirée, ni du directeur, ni des ouvreuses, ni du public.

Plusieurs de mes confrères m'avaient effrayé—je me méfie souvent de mes confrères ; — cette fois-ci plus que jamais j'ai eu raison.

La salle est bizarre, je le veux bien ; les acteurs pas méchants du tout, je le veux bien encore ; le drame ennuyeux, lugubre, écrit dans un français que désavouerait mon frotteur ; mais cela ne coûte que vingt-cinq sous, et puis... on est très-bien assis !

Que peut demander de plus le public du cru?... Lorsque vous lisez le *Petit Journal*, espérez-vous y trouver une pensée d'emballeur frappée au bon coin, une étude littéraire signée Sainte-Beuve, des vers inédits de Baudelaire ou de Charles Joliet, un proverbe

d'Alfred de Musset ou un rondeau d'Alexandre Flan ?
— Non.

Au *Grand-Théâtre*, comme au *Petit Journal*, on en a pour son argent.....

Inclinons-nous !

Quelqu'un devant qui je ne m'inclinerai jamais, par exemple, c'est devant madame Céleste Mogador, comtesse Lionnel de Chabrillan.

Cette dame aura beau écrire ses mémoires, diriger un théâtricule, faire concurrence à M. d'Ennery et chanter devant le public aviné du Café du XIX$^e$ siècle : *J'ai battu mon mari*, je resterai calme, je ne me dérangerai pas.

Pour moi, c'est presque une honte que cette exhibition d'un nom honorable et d'une réputation incompréhensible accolés ensemble sur un millier d'affiches. Voilà où nous ont conduit la musique de M. Offenbach et les *Mémoires de Rigolboche* et les *Romans* de M. Ponson et la *Revalescière* Du Barry !

Un journal politique, *le Temps*, en parlant à ses lecteurs de cette monstruosité, de ce scandale, s'exprime ainsi :

« La liberté exige que de pareilles exhibitions soient permises, mais les citoyens peuvent et doivent s'abstenir de concourir, par leur présence, au succès de ce spectacle, qui n'a rien de commun avec l'art, et qui, au train dont vont les choses, suffirait à pervertir à tout jamais dans le public le goût du beau et de l'honnête. »

Pour un journal politique, pour une grande feuille à trois sous, c'est bien raisonné, avoue-le...

Il paraît, du reste, que madame la comtesse a remporté sa veste; elle a tremblé le soir de la première, et l'enthousiasme n'a pas été à son comble.

Madame la comtesse a lancé plusieurs fausses notes. La première fois, m'a assuré Paulin Limayrac, un voyou s'est écrié : quel *chat brillant!*

Le mot est forcé, atroce, impossible, mais je le reproduis tout de même, histoire d'être agréable aux Vapereaux de l'avenir.

Après Mogador, Rigolo se présente naturellement sous ma plume. Je suis obligé de parler de ce mulet à mes 377,000,000 de lecteurs... — mes confrères en ont tant dit, tant dit, que si je restais muet, je serais accusé de crétinisme ou d'impuissance. Allons-y !

Je trouve Rigolo infect — qu'il m'envoie ses témoins! J'essayerai de les calmer par les strophes suivantes, que j'ai lues hier chez Étienne Carjat, le photographe-artiste, et qui m'ont valu l'approbation de tout *un* chacun. Le petit père Viennet, qui roupillait dans un coin, au-dessous du portrait de Léonide Leblanc, a même ajouté en me serrant la dextre: Soignez vos rimes, jeune homme, et l'avenir est à vous.

Voici le morceau :

## PETIT GALOUBET

### DÉDIÉ A M. DEJEAN

Lorsque je vois sortir des bureaux de *la Presse*,
Pour combler de bonheur l'abonné de Saint-Lô,
Les mots que Girardin écrit dans sa détresse,
En moi-même je dis : ce n'est pas *rigolo*.

Lorsque couvertes d'or, de velours et de soie,
Ces dames à Chatou se promènent sur l'eau,
Que chacune se croit princesse et n'est qu'une oie,
En moi-même je dis : ce n'est pas *rigolo*.

Lorsque Nini, sentant que le printemps s'avance,
Demande un huit-ressorts à quelque Bartholo
Et n'a de mon amour aucune souvenance,
En moi-même je dis : ce n'est pas *rigolo*..

Lorsque représentant les pièces les plus sottes,
La Société Tricot marche à son Waterloo,
Et de cent chiffonniers voit s'approcher les hottes,
En moi-même je dis : ce n'est pas *rigolo*.

Enfin, lorsque Dejean, dans son arène mouche,
Offre à tous les voyous de monter Rigolo,
Et qu'à grands coups de bancs l'on se casse... la bouche.
En moi-même je dis : ce n'est pas *rigolo*.

Qu'en dis-tu? — Passons.

J'adore les *Faits divers* de ces grands bêtas de journaux politiques, car, en les lisant avec componction chaque jour, et c'est mon habitude, je m'instruis, je complète mon éducation qu'une collaboration prématurée et trop assidue au *Tintamarre* a laissée inachevée.

Veux-tu une preuve de ce que j'avance? Je l'ai là sous les yeux. J'ignorais l'existence du *charbon du suicide;* en lisant les lignes suivantes, que je cueille délicatement dans un des numéros de *la Patrie* de cette semaine, je suis convaincu et mieux éclairé que la salle de M. Harellouismarie.

« ... Elle résolut de ne pas survivre à la perte de sa première illusion. Hier soir, *afin de ne pas se manquer*, elle avala d'abord une forte décoction de têtes de pavots, puis ELLE ALLUMA LE CHARBON DU SUICIDE. Mais elle en avait placé une si grande quantité dans un réchaud portatif et dans une terrine, qu'un locataire voisin, *revenant du spectacle*, fut saisi par l'odeur qui s'échappait des fissures de la porte. Après avoir inutilement frappé, il appela le concierge. La porte fut enfoncée, et on trouva la jeune fille presque entièrement asphyxiée PAR LE CHARBON DU SUICIDE. »

J'espère que te voilà aussi bien instruite que moi maintenant. Seulement, je demanderai à *la Patrie* de me renseigner un peu : où se trouvent les mines de ce nouveau charbon?

J'avertirai la police, dans l'intérêt des pauvres ouvrières.

Un mot horrible, ou plutôt une phrase ignoble pour

finir. Je l'ai entendue dans une avant-scène des Variétés, jeudi dernier :

— Voyons, Henriette, pourquoi restes-tu avec Alphonse, c'est un garçon à moitié mort?

— Justement, ma chère, moi, j'adore les poitrinaires, ils sentent qu'ils n'en ont pas pour longtemps, ils jettent l'argent par les fenêtres. Avec eux, c'est bien plus vite fini.

Oh! les cocottes!!! — Quel est donc celui de mes confrères qui a imprimé qu'elles étaient parfois de bonnes filles?

Tout à toi de cœur.

## XVIII

Paris, 15 avril 1865.

Bon chien aimé,

En voilà un polisson de printemps qui n'est pas de son siècle! comme il est avancé, le petit scélérat!

Et tu crois naïvement qu'avec ces 35 degrés de chaleur, je te vais causer d'une façon aimable, douce et spirituelle.

Allons donc !

Il est arrivé, ce gâteux de printemps, sans crier gare, en plein mois d'avril, avant les lilas et les asperges.

Adolphe d'Ennery, l'homme à la chevelure blanche et au style pâteux, a dix-huit drames sur l'affiche.

Peu importe, dit sans pudeur aucune ce petit voyou de printemps, me voilà ! J'ai pris à l'été sa couverture de plomb, et j'étouffe dessous les idiots qui croient encore aux *Merci, mon Dieu!!!!* et *à la croix de ma mêêêêrrre!!!!*

Donc, à bas le théâtre, le privilége de mon ennemi intime, l'hiver !

Toi, tu t'appelles Léonard ; personne ne sait comment tu vis et comment tu peux éviter la police correctionnelle. Tu t'habilles chez Dusautoy, tu dînes chez Duval et tu soupes chez Deffieux.

Tu es le roi du jeu, tu connais à fond les combinaisons du lansquenet et de l'écarté.

Me voici : je suis le printemps. Vas chercher à Bade d'autres jobards.

A bas les cartes remuées fiévreusement ! A bas le jeu, le privilége de mon ennemi intime, l'hiver !

Toi, tu es une drôlesse ; pour un sourire qui sent la Morgue, tu prends au gandin cent francs, à l'artiste quarante sous. Tu adores le velours, la fourrure, les bals de l'Opéra et les cabinets capitonnés et discrets de la Maison-d'Or.

Ne sois pas heureuse.

Me voici, moi, le printemps, un vieil ami à M. Watteau. A bas les nuits d'orgie, le champagne frelaté, la gaieté fausse et marchandée, les mauvaises filles, priviléges de mon ennemi intime, l'hiver!

Avoue-le, ce printemps a du bon, mon bon bébé; il est jeune et croit encore à la vertu. Toi, tu le vois arriver avec calme, tu lui fais une petite risette, une toute petite risette; car tu sais qu'il te vaudra cette belle robe d'organdi tant de fois promise cet hiver, et que nous irons chiffonner ensemble dans les bois parfumés de Viroflay.

Enfant! tu le verras, le beau nid que je t'ai choisi, et où nous recevrons le dimanche Martin, Villemain, Touchatout, Chincholle, Ernest Picard, Doche, Leinenger, Paurelle, Boisgontier, Jules Favre, tous gens très-occupés pendant la semaine. Ce nid me coûtera trois cents jolis francs. Il est mal meublé, peu confortable; mais ta bonne et franche gaieté fera de ce taudis un paradis, la nature aidant.

Suis-je assez printanier?

Quelqu'un qui ne l'est pas, par exemple, c'est ton ami Timothée Trimm. Dimanche, il a consacré tout son premier-Paris à une réclame déguisée. Il s'agit des *Villes de France*. Tu n'as pas idée de l'éloquence que mon confrère a déployée pour prouver à ses cent millions de lecteurs que ce magasin est le *plus vaste du monde*. Il a faibli parfois (on n'est pas parfait); mais grâce à quelques emprunts aux dictionnaires des *Connaissances utiles* et de *la Conversation*, il est sorti victorieux de la lutte.

Je n'aime pas, chien aimé, les réclames. Or, celle-ci est une mauvaise réclame, une réclame déguisée, dans un journal non timbré. Pourquoi, cher confrère, descendre ainsi; pourquoi déployer toute votre intelligence en pure perte; pourquoi vous faire le Barnum d'un monsieur qui aune de la soie et du madapolam? Parole d'honneur, vous avez tort; on pense, certains même l'affirment, que vous tenez les livres, le soir, vers huit heures, aux *Villes de France*... Je ne croirai jamais qu'un homme de lettres qui se respecte, ne soit pas poussé par le besoin, quand il consacre deux cents lignes à M. Bisson, l'*honorable directeur des magasins des Villes de France* (c'est votre expression).

Nini, tu me feras le plaisir de retirer de ton album le portrait de Léolespèstimothéetrimm.

Et que ça ne traîne pas!

Commerson adore Louis Ulbach; vingt fois devant toi, et tu t'en souviens, il m'a défendu de toucher à ce critique consciencieux; aujourd'hui, je m'en empare. Je viens de lire *le Mari d'Antoinette*, et cette lecture a fait de moi un idiot de la plus belle eau, qui n'a plus qu'à retenir sa bonne petite loge de Tolède à Charenton.

Voici la phrase que je cueille dans *le Mari d'Antoinette*, pages 406 et 407, — collection Hetzel.

Attention :

« La probité se plaît dans une atmosphère de candeur et de naïveté ; l'homme sans honneur se trompe moins étant sans illusion, sans croyance; et ce scepticisme qui couronne l'existence de l'homme sage qui met une lueur froide et pure comme celle du soleil sur les froids glaciers au sommet d'une vie pleine d'expérience, ce scepticisme est encore un hommage à l'erreur possible, un dernier témoin de l'invincible naïveté de l'honnête homme. »

C'est horrible, n'est-ce pas?

J'ai de bonnes, d'excellentes nouvelles à te donner; en voici quelques-unes au hasard de la fourchette :

Je publierai, vendredi, chez Dentu, une brochure intitulée : *Commerson, Pelletan, Louis XV et Thérésa,* — un chef-d'œuvre dans lequel je prouve l'utilité des faux-cols, des fausses notes et de la fausse politique.

A l'exposition de peinture, tu pourras admirer mon portrait par Courbet. L'artiste aimé m'a représenté au moment où j'avale un flacon de Revalescière-Dubarry. Je me lève, mon visage se contracte affreusement. Janicot m'offre un numéro du *Constitutionnel...* C'est du réalisme épatant!

Voilà mes nouvelles.

Si je ne t'en dis pas plus long aujourd'hui, excuse-moi, je souffre des dents et j'ai lu hier cinq actes à de La Rounat : *A qui la pose?* et en vers encore!

Je t'embrasse de tout mon cœur et te prie de ne pas trop abuser du kummel, liqueur russe fabriquée à Vaugirard.

---

## XIX

Paris, 22 avril 1865.

Chère enfant,

Je ne suis jamais allé au Théâtre-Français. Pourquoi? Je ne saurais te le dire. J'ai traîné mes guêtres et mon innocence dans toutes les salles de Paris; j'ai applaudi madame Gaspari à Bobino, la Patti aux Italiens, Raynard à Déjazet, Montaubry à l'Opéra-Comique, madame Marie Dornay à la salle Saint-Pierre, mademoiselle Sax (sans E) à l'Opéra. Bien souvent j'ai risqué ma larme dans ces cases dramatiques plus ou moins respectables; bien souvent, comme plusieurs de mes confrères, j'ai senti les parois de mon gilet de flanelle s'humecter; bien souvent, enfin, j'ai rendu justice pleine et entière aux artistes ci-dessus nommés, bonnes natures en général, pas méchantes du tout, se figurant tous *que c'est arrivé*, et qu'ils arriveront. — Je me croirais coupable en ne leur laissant pas cette douce illusion.

Mais, je le répète, mes bottines n'ont jamais foulé les dalles de la maison d'Émile Augier.

Or, il y a huit jours, mon ami Alphonse Daudet se souvenant de nos bonnes relations d'autrefois, de notre jeunesse envolée ainsi qu'une colombe, se souvenant qu'il est quelque chose aujourd'hui quand je suis encore moins que rien, Alphonse Daudet m'octroya un fauteuil d'orchestre pour la troisième représentation de son *Œillet blanc*.

C'était plus que de la reine, c'était du bonheur.

J'allais pouvoir tout à la fois applaudir un bon ami, rire ou pleurer avec sa prose, m'émouvoir, trembler, m'instruire, contempler de près les visages de MM. les sociétaires de la Comédie-Française.

Erreur !

Madame Lafontaine était indisposée le premier jour.

Le second jour, le lundi de Pâques, M. le directeur me fit savoir, par quelques lignes apposées au bas de son affiche, que les billets de FAVEUR délivrés pour la troisième représentation de *l'Œillet blanc* ne seraient valables que le mercredi 19 avril.

Or, aujourd'hui mercredi, 19 avril, jour de la copie, j'interroge l'affiche de M. Édouard Thierry, et l'on joue *Maître Guérin*!!!!!

Ainsi voilà huit jours que mon billet vagabonde

dans mon portefeuille ; voilà huit jours que, sans aucune espèce de pudeur, le premier théâtre du monde me la fait à l'oseille.

Je proteste.

Je n'admets pas que des billets délivrés pour une troisième représentation ne soient pas valables le soir de la troisième représentation ; je n'admets pas que la Comédie-Française, comptant sur une recette certaine, manque à sa parole. Je croyais qu'on faisait de l'art rue de Richelieu ; merci, monsieur le directeur, vous m'avez appris une chose que je n'aurais pas osé soupçonner : chez vous, la question de la pièce de cent sous fait pencher la balance, comme chez M. Tricot.

Enfin, j'espère qu'à la majorité du petit dernier de Paul Blaquières, je pourrai applaudir l'œuvre de mon ami Alphonse Daudet.

Du reste, messieurs les comédiens traitent, à l'heure qu'il est, le public avec un sans-gêne incroyable.

Ils sont malades quand cela leur convient, fatigués quand cela leur fait plaisir. Ils vous annoncent carrément la chose au milieu de la soirée, et nous nous inclinons. Le pompier remplace le comique, l'habilleuse la jeune première, la contre-basse le traître, et le tour est fait.

Pauvres comédiens, avez-vous assez grandi ! Et toi, public bénin, malingre, idiot, as-tu assez perdu de ton prestige !

Samedi, aux Bouffes, après la première de notre collaborateur Furpille, deux de ces messieurs sont venus prier le public, le bon public, de s'en aller.

Ces messieurs étaient fatigués.

Pauvres amours !

Quelques bons coups de sifflet auraient dû accueillir vos calembours.

Nous vous payons, vous nous appartenez.

Que diriez-vous à votre tailleur si demain il vous apportait un paletot incomplet, s'il remplaçait les manches ou la doublure de ce paletot par quelques *pensées d'emballeur?* Vous le prieriez de repasser un autre jour, il remporterait sa veste... non, je me trompe, son paletot. Eh bien ! votre tailleur est encore moins coupable que vous, car il ne s'adresse qu'à un seul. Vous vous adressez, vous, à un millier d'individus qui tous s'en vont, après avoir payé, mécontents de vos turlupinades et de votre manque d'égards.

Êtes-vous donc une puissance, aujourd'hui ?

Allons donc !

Aux dernières courses, plusieurs collégiens ont fait invasion dans l'arène. Une fois bien installés, ils ont allumé leurs cigares et débouché du champagne Moët et Chandon. Quelques drôlesses ont immédiatement accepté de ces apprentis viveurs quelques gorgées de champagne, assaisonnées de ces sourires jusqu'ici réservés aux affreux gandins qui se gorgent d'absinthe, entre quatre et cinq heures, au café Riche.

J'excuse les collégiens, ils ont pour eux la jeunesse,

mais je n'excuse pas les drôlesses enfarinées. Quand donc les musèlera-t-on ?

Je te le répète, j'excuse ces naïfs collégiens, très-forts en thème et en version latine. Comme moi, ils avaient pu lire, le matin de leur petite escapade, l'annonce suivante dans les journaux :

« Les collégiens en uniforme auront leurs entrées gratuites à toutes les places au Grand-Théâtre-Parisien, le lundi de Pâques, pour le concert-spectacle qui aura lieu de midi à quatre heures. »

Il est évident que les quelques collégiens qui s'étaient aventurés aux Courses s'étaient préalablement présentés, en uniforme, au contrôle du Grand-Théâtre-Parisien. La salle était comble, ils se sont cotisés, ont couru chez Brion, chez Chevet, et de là aux Courses.

La faute en est à M. Millaud; si son *Petit Journal* est trop grand, son *Grand-Théâtre* est trop petit.

Je voudrais bien, avant de terminer cette petite causerie régence et printanière, t'offrir quelques nouvelles, mais, hélas ! j'en ai fort peu dans mon sac.

Véron vient de publier un nouveau volume : *le Pavé de Paris*, — succès ;

Scholl : *les Dames de Risquenville*, une étude de la vie parisienne, vigoureuse, nette, implacable, — succès.

La Société Nantaise se frotte les mains, elle compte Théodore Barrière parmi ses fournisseurs. L'homme d'esprit et de talent qui a écrit *les Filles de marbre* et *les Faux bonshommes*, ces deux chefs-d'œuvre, a donné à la Gaité *les Enfants de la Louve*, — grand succès littéraire ;

Mademoiselle Leinenger souffre des dents ;

Victor Séjour engraisse ;

Jules Janin *m'aigrit ;*

De Biéville agace ses lecteurs ;

Alphonsine a changé de pédicure ;

Émile de Girardin a dîné, lundi dernier, chez Gaspari, et les acteurs de Bobino joueront de lui, samedi, cinq actes : *les Cocodès*. — Je m'abstiendrai d'y paraître.

Voilà.

Si tu n'es pas satisfaite, c'est que tu es bien difficile.

Je t'embrasse de tout mon cœur.

## XX

Paris, le 26 avril 1865.

Beau bébé,

Je ne sais rien de plus horrible que d'essayer de

faire sourire des lecteurs par une chaleur aussi corsée. Parole d'honneur, j'aimerais mieux écouter cinq actes hurlés à l'Odéon, ou me promener cinq heures durant au milieu de ces tableaux et de ces marbres qu'on a la déplorable manie d'exposer chaque année à la même époque.

Mais, forçat de l'écritoire, je me dois à Commerson. En voilà un rédacteur en chef qui n'est pas drôle; en voilà un qui, fort de ses soixante-deux printemps, ne comprend pas qu'on fasse une seule fois l'école buissonnière. Faut de la copie quand même, telle est sa devise. Tu peux la voir peinte, pour peu que tu en doutes, sur les panneaux de son coupé.

Oh! comme un jour je lui jouerai un joli tour, comme je pillerai la collection du *Tintamarre*, alors que je ne saurai quoi dire pour voir le moindre sourire errer sur les lèvres de mes scrofuleuses et édentées lectrices!

Tiens, j'ai là un volume de cette bonne collection. C'est l'année 1842. J'y cueille cette phrase au rez-de-chaussée, une phrase qui, à elle seule, est tout un poëme :

« Alors, furieux, exaspéré, le marquis toisa la vi-
» comtesse, alluma un soutados, enfonça la chandelle
« dans une motte de beurre, en s'écriant : »

*(La suite au prochain numéro.)*

Étaient-ils assez heureux, les rédacteurs du *Tinta-*

*marre* de ce temps-là ! Ils n'avaient qu'à être idiots, et tout le monde se roulait sous les banquettes. Aujourd'hui, nous sommes plus idiots encore, mais personne ne nous rend justice. Le siècle a fait des progrès, — on ne rit plus, on spécule; on n'aime plus, on achète l'amour; on ne chante plus, on beugle; on ne vit plus, on dépérit; on ne se rase plus, on se maquille. Commerson pose dans son bureau comme un chef de division. Edmond Martin change de linge trois fois par semaine, mademoiselle Leinenger publie ses *Confessions*, Jules Janin caresse l'épiderme de M. Gaspari, M. Viennet assiste à la cérémonie nuptiale de Montrouge. Seul, M. Babinet reste l'homme d'autrefois, il aime encore la franche gaieté. Je l'ai aperçu samedi dernier au café Molière, offrant une bavaroise, son cœur et une avant-scène de Bobino à la dernière grisette du vieux quartier Latin.

L'homme aux comètes est dans le vrai.

Dans mes bras, monsieur Babinet ! sur mon sein, astronome chéri des dames, et sois fier de cette faveur, de cette étreinte !

Tu as encore du chien !

Assez de tirade. — Chroniquons.

J'aime les Champs-Élysées quand les lilas s'entr'ouvrent et quand la violette s'humilie au fond des bois. Et puis, demeurant au Gros-Caillou, j'y suis en deux enjambées.

Tous les soirs que le bon Dieu fait, vers huit heures,

je salue les chevaux de Marly et l'Obélisque ; je m'arrête un quart d'heure au café-concert, je me promène une heure chez M. de Besselièvre, j'écoute un acte aux *Folies-Marigny*, et j'achève ma petite soirée à Mabille.

Si j'oublie, dans cette nomenclature, le cirque de M. Dejean, c'est à dessein : je n'ai jamais pu le digérer. Je trouve monotones messieurs les écuyers et mesdames les écuyères qui, depuis vingt-cinq ans, crèvent des ronds de papier qui ne leur ont jamais rien fait.

Moi qui n'ai pas encore frisé la quarantaine, et qui ne porte pas encore l'abat-jour vert de mon ami Edmond Martin, je préfère Mabille.

Mabille, je le veux bien, est le rendez-vous de toutes les drôlesses ; elles se promènent là avec un aplomb qu'excuse leur dévergondage ; elles mêlent l'odeur de leur poudre de riz à la senteur embaumée des roses ; mais elles amusent. Là, je les reconnais toutes. Je me renseigne, je prends des notes. Ces messieurs qui les abreuvent, qui leur payent et leurs voitures et leurs dentelles, ne sont pas non plus à dédaigner.

Depuis quatre ans que je fréquente Mabille, j'ai bien appris, je t'en réponds. J'ai retrouvé deux de ces messieurs, deux de ces gandins, deux de ces idiots qui, il y a quelque temps, avaient voiture, heureux d'expépédier, dans les bureaux d'une compagnie d'assurances, à raison de cent dix-huit francs par mois, les fautes d'orthographe de leurs supérieurs.

Quant à quelques-unes de ces drôlesses, tu sais où on les retrouve aussi bien que moi.

Je passe donc en jetant un blâme à Edmond Martin.

Mabille est un Eden!

Connais-tu M. Charles Hougo-Amber, 16, rue et hôtel Rossini?

Non, n'est-ce pas?

Eh bien! beau bébé, tu as tort. Cet homme de génie mérite qu'on s'occupe un peu de lui, car il est de la famille de M. Gagne, l'avocat des fous.

M. Charles Hougo-Amber, 16, rue et hôtel Rossini, donnera, samedi, à la salle Herz, un spectacle des plus réjouissants. Voici une partie du programme, — je copie textuellement, et je prie messieurs les compositeurs de me soigner la mise en scène :

### REPRÉSENTATION AUTOMIMIQUE

par

HUGO-AMBER (16, RUE ET HÔTEL ROSSINI)

Représentation de l'*Iliade Finie*, en cinq actes et en vers, arrangée en trois parties, avec deux intervalles à trois minutes, et jouée dans toutes ses personnifications par l'auteur lui-même, sans douleur et sans souffleur.

*Le samedi 6 mai 1865, à huit heures précises, à la salle Herz.*

NOTA. — On est prié d'arriver avant le commencement de la représentation, qui, pour le subtil travail de la mémoire, exige une tranquillité parfaite.

On n'a pas idée, avoue-le, d'une chose pareille.

Où qu'est mon sabre?

A ce programme est jointe une petite notice encore plus drôle, j'y lis ceci :

« Comme un père soucieux, qui vient présenter sa fille dans la bonne société pour donner preuve de son art de chanter, c'est-à-dire d'enchanter, art soigneusement travaillé par lui, se gardera bien de parler de son âme et de ses vertus, car cela se trouvera; mais il peut bien diriger l'attention sur la voix de trois octaves dont la hauteur de soprano est augmentée par l'ampleur de mezzo-soprano et par la gravité du contralto; autrement, sous l'influence du chant, tout cela, qui augmenterait aussi le plaisir, ne serait guère remarqué.

» Le jour de la représentation d'automimique sera prochainement annoncé par les principaux journaux dont MM. les rédacteurs en chef sont respectueusement priés de reproduire ce programme préparatoire, au moins en extrait, sinon en entier. Ce serait en même temps un acte de générosité des confrères, lequel devrait encourager une tâche si difficile. »

Je me rappelle une pièce d'Henri Rochefort, dans laquelle l'excellent Gil Pérès disait au public : « On rit en voyant des fous; pour moi, c'est un spectacle toujours pénible. »

Je n'ai rien à ajouter. Seulement, je préviens M. Charles Hougo-Amber, 16, rue et hôtel Rossini, que je m'abstiendrai de paraître samedi à la salle Herz. Je n'aime pas qu'on achève une grande gloire comme celle d'Homère, même à la salle Herz, — je la trouve complète.

J'ai assisté, samedi dernier, à une première représentation à Bobino ; cela a pour titre *Les Cocodès*.

J'ai sifflé.

En dire du mal aujourd'hui, empêcher, par une critique bien sentie, mes 150,007 lecteurs d'aller porter leurs picaillons à l'aimable M. Gaspari, serait par trop méchant.

Je m'abstiens.

Tout à toi.

## XXI

Paris, le 14 mai 1865.

Bonne Nini,

Je te l'avoue en toute humilité, je n'ai pas assisté à l'audition de l'opéra inédit de M. le duc de Massa. J'avais, du reste, plusieurs motifs pour rester chez moi et ne pas m'infiltrer dans cette affreuse petite salle du Conservatoire, où bégayent les élèves de M. Samson. Ainsi, la veille j'avais reçu... parole d'honneur, j'avais reçu ; on avait bu chez moi, remué quelques cartes, fumé quelques cigares. Or, comme j'étais sûr de retrouver au Conservatoire la même société qui avait foulé mon Aubusson, ce fut là le premier motif de mon abstention.

Le second te paraîtra plus puissant : je n'aime pas beaucoup la musique, et encore moins celle d'un duc ou d'un prince.

Aujourd'hui, tous les habitants du noble faubourg Saint-Germain semblent s'être donné le mot : après le prince Poniatowski, nous avons eu le prince de Polignac, voici venir maintenant le duc de Massa.

A qui le tour?

Ces messieurs ont tort, ils font énormément de peine au maestro Rossini ; il est pour eux des passe-temps plus doux et plus agréables : que n'écrivent-ils au *Tintamarre*, sous un bon pseudonyme, comme celui de Touchatout, par exemple?

Ecrire au *Tintamarre*, mais c'est un bonheur. Il est vrai que tous les huit jours, coûte que coûte, il faut se creuser la cervelle pour faire pouffer de rire et se rouler sous les banquettes des cafés des masses de crétins, qui s'écrient immédiatement après la lecture de notre feuille, lecture entrecoupée par des éclats de rire et des exclamations idiotes : «Sont-ils assez bêtes, mon Dieu!-je, sont-ils assez bêtes! »

Et puis, pour varier le paysage, on nous réserve quelques petites douceurs : de bonnes lettres anonymes pleuvent chaque matin dans notre boîte ; nous avons notre stalle à l'Odéon, nos entrées au Pré Catelan et dans les coulisses de l'Hippodrome. Un gâteux publie-t-il un volume de vers chez Dentu, vite il nous l'adresse avec une dédicace splendide. Depuis le commencement de ce joli mois de mai, j'en ai reçu onze ; le mois dernier, la dose était moins forte ; j'espère que juin ne s'achèvera pas sans que je puisse compter deux douzaines complètes de ces livres malsains et abrutissants, avec lesquels ma concierge allume son fourneau.

Ah ! j'oubliais : nous avons encore au *Tintamarre* quelque chose de bon en sus de nos appointements ; Commerson nous octroie, chaque fin de mois, six sous pour notre tabac à priser — nous prisons tous.

Vous le voyez, monsieur le duc, vous le comprenez, prince, il vous faut renoncer à la musique et venir chez nous : on n'y est réellement pas mal.

Tu connais l'histoire de ce bossu, qui ne veut pas avouer le monticule dont la nature l'a doué, et qui répond à son futur beau-père : « Moi bossu, allons donc, j'ai seulement un durillon dans le dos. »

Eh bien, je puis t'offrir le pendant : mets les deux sur ta cheminée.

Dans une de mes dernières chroniques, qui font le désespoir d'Auguste Villemot et d'Albéric Second, je me suis permis, en passant, d'égratigner un tantinet l'épiderme d'une de ces drôlesses qui demandent au maquillage et aux ombrages touffus de Mabille le pain de chaque jour.

Cette charmante enfant m'écrit aujourd'hui la lettre que voici :

« Monsieur,

» Vous aites une canaille, je ne vous ai jamet rien
» fait, pour quoi m'an voulez-vous et pour quoi maité
» vous mon nom dans le journal ; si ma famille le ça-
» vait, croyé-vous que ça serait bien genti.

».En résumet, moi, je ne suis pas une fille comme
» les autres, *seulement j'aime à rigoler.*

» Je vous sa lut d'amitié.

   » X... »

Est-ce assez naïf? — Passons.

Je cueille, avec la même délicatesse que je cueillerais une rose sur le corsage de mademoiselle Schneider, les lignes suivantes dans le *Messager des Théâtres* du jeudi 18 mai :

« QUELQUES FAUTES se sont glissées dans l'article de M. Montrosier sur les AQUA-FORTISTES. Deuxième paragraphe, au lieu de M. *Comer*, lire : M. *Combe* — Troisième paragraphe, au lieu de M. *Jong-Kinf,* lire : *Jonk-Kind,* et le *Lutrin,* au lieu de le *Techin.* Même paragraphe, on a, pour le *Morceau de Schumann,* signé Simburg, au lieu de Fantin. Dans la suite, on lit des *astres* qui frémissent, au lieu de *arbres*. Vers la fin, ce n'est pas le maitre *italien,* mais le marché *italien.* »

Ce qui me plait dans cet errata, c'est le commencement. Voyons, cher confrère, vous appelez ça quelques fautes ; moi, j'appelle ça de très-grosses fautes. Je vous avoue que je serais très-vexé si le compositeur qui va pâlir dans quelques heures sur mes pattes de mouche, attribuait ce bon errata, aussi naïf que la lettre ci-dessus, au *Constitutionnel,* au lieu de vous l'attribuer, à vous, le coupable.

Je demanderais à M. Dubuisson son transport à Odessa, si, quand il m'arrive de traîner dans la boue une notoriété quelconque, il m'imprimait un nom pour un autre, car ceci est un fait des plus graves. Lorsque je parle de M. de Loménie, il m'est très-pénible de lire : Clairville, en déployant mon journal le dimanche.

Soignez donc vos épreuves, cher confrère, ou vous en subirez de cruelles.

« Meurent mes entrées plutôt qu'un principe, » a dit quelque part Commerson.

En vertu de cette pensée, de ce cri du cœur, j'adresserai quelques paroles bien senties à M. Arnault, le directeur de l'Hippodrome, certain qu'il profitera de mes conseils et ne m'en voudra pas du tout.

M. Arnault, vous ne variez pas assez votre affiche,

vous marchez sur les traces de M. Dejean. Toujours des courses, toujours Robert-Macaire, toujours des bêtes plus ou moins féroces, toujours Blondin; cela devient monotone, sapristi !

Si vos écuyères tournent autour de votre arène, vous tournez, vous, leur directeur bien-aimé, dans un cercle vicieux.

J'ai dit, et maintenant laisse-moi terminer la séance par quelques aimables turpitudes.

.˙.

— Sais-tu pourquoi, demandait Vavasseur à madame Ristori, Parmentier n'aurait jamais consenti à monter en ballon ?

— Ma foi non.

— Parce qu'il était trop homme de terre.

(Extrait du *Petit Journal*.)

.˙.

Une bonne bourgeoise de la rue Saint-Louis, au Marais, venait d'accoucher d'un gros garçon bien joufflu.

— J'aurais mieux aimé une fille, dit-elle au docteur.

— Ah ! fit l'heureux père avec un geste à la Joseph Prud'homme, il est vrai qu'une fille est l'envie de sa mère et l'ange consolateur du foyer.

— Et puis, reprit la dame, ça use vos vieilles robes.

.˙.

— Je voudrais bien aller demain au Musée, disait mademoiselle Leinenger à M. Harellouismarie, voulez-vous m'accompagner?
— Parfaitement, donnez-moi rendez-vous par là.
— A midi, devant le *poitrail* de Saint-Germain-l'Auxerrois, répond l'aimable enfant. Soyez exact.
Salut et amitié de tout mon cœur.

## XXII

Paris, 31 mai 1865, onze heures du soir.

Mon beau chien aimé,

Ta lettre m'arrive à l'instant. J'allais m'infiltrer dans mes draps, en songeant aux vicissitudes humaines et à la cravate rouge de Timothée Trimm, lorsqu'elle me force à prendre la plume et à te répondre, malgré l'heure avancée.

Tu as raison, je suis un pas grand'chose. Te laisser un mois entier sans nouvelles; ne pas m'inquiéter, une minute seulement, de ton existence, qui m'est aussi chère que celle de M. Ch. de la Rounat (pronnonce Charles Rouvenat), mais c'est plus qu'un crime, c'est l'oubli de toutes les convenances sociales.

Je t'en prie, mon beau chien aimé, excuse-moi, si j'ai oublié tes beaux grands yeux noirs, dont le feu rallumerait une chandelle éteinte, si je n'ai pas murmuré à ton oreille de douces paroles, si je n'ai pas dévoré avec toi le gigot de l'amitié, si, à l'heure où M. d'Ennery cherche fiévreusement le dénoûment d'un drame malsain, je ne t'ai pas crié : Nini, éteins donc la bougie, c'est que la fièvre du jeu s'était emparée de ton frêle Desgrieux tintamarresque.

Mais laisse-moi te raconter cela en vers; tu me comprendras mieux, et partant, tu me pardonneras plus facilement :

> Il est un mois que nos bardes stupides
> Depuis Linus, jusqu'à monsieur Viennet,
> Ont proclamé le mois cher aux sylphides...
> Ce fut pour moi le mois du lansquenet;
>
> Car, apprends-le, reine des adorées,
> Moi, l'homme aimable autant qu'intelligent,
> Au tapis vert j'ai passé mes soirées ;
> Comme un gâteux, j'ai perdu mon argent,
>
> Mon bon argent, pendant le mois des roses,
> Quand j'aurais pu, dans le coutil drapé,
> Au bord de l'eau cueillir des fleurs mi-closes
> Qui nous auraient servi de canapé.

Ne m'en veux pas : plutôt plains ton poëte,
Ton chien chéri, ton Oscar, ton loulou,
Qui de l'amour a délaissé la fête,
Et maintenant s'embête comme un clou.

Cache-la bien, Nini, ma triste dêche,
A Villemain, même à Montalembert,
Chez qui souvent j'ai mangé l'huître fraîche,
Chez qui toujours est servi mon couvert.

Je serai sage à présent, économe,
De Commerson j'emplirai le journal,
Chacun dira de moi : Quel bon jeune homme,
Si bien, après s'être annoncé si mal!

. . . . . . . . . . . . . . .
. . . . . . . . . . . . . . .

Que, désormais, sous le gaz, dans un bouge,
Un monsieur louche, agent de Belzébuth,
Tenant un jeu de cartes noir et rouge,
Passe la main, je lui répondrai : Zut!!!

Voilà ce que c'est, mon beau chien aimé, j'ai remué le carton et perdu des sommes folles. Demain, tourbillonneront chez moi de bons protêts, car je ne pourrai solder. Oh! le lansquenet! que tes chastes ailes ne s'y frottent jamais!

Assez sur ce douloureux chapitre, qui n'intéresse que toi, le caissier du *Tintamarre* et mes créanciers.

Voyons un peu ce qu'a produit le joli mois de mai :

Saison inspiratrice, amante du poëte,
Dont, quand revient l'hiver, on se souvient toujours ;
Où tout n'est que plaisir, joie, espérance, fête ;
Saison de frais parfums et de douces amours!

Nous avons eu, à l'Ambigu, un bon gros drame émouvant : *La Voleuse d'enfants*, signé Lambert Thiboust et Eugène Grangé. Je glisse dessus : c'est un succès qui n'a pas besoin de mes battoirs.

Nous avons eu comme toujours à la devanture des libraires, étalés avec un faux-col sur lequel se lit en gros caractères : VIENT DE PARAITRE, des bouquins de toutes les couleurs et de tous les acabits : Rien de bon, ange de ma vie, rien, sauf, toutefois, les *Indiscrétions d'un cocher* et la *Bougie rose*, comédie en un acte, refusée par MM. les sociétaires de la Comédie-Française. Auteur : M. Charles Joliet. Je te recommande la préface, en te suppliant de bien méditer ces paroles de Diderot reproduites par l'auteur :

« J'ai beau examiner les comédiens, je ne vois rien qui les distingue du reste des citoyens, si ce n'est une vanité qu'on peut appeler insolence. »

Nous avons eu encore : la lettre d'Alexandre Dumas aux *ébénisses* du faubourg Antoine ; voila quelque chose d'abracadabrant !

Nous avons eu encore : la fermeture de l'Odéon ; quelle veine !

Nous avons eu encore : des drôlesses et des cocodès

qui se sont crochetés en plein bois de Boulogne; quelle leçon! Adieu les talons rouges, adieu les duels Louis XV. Les sergents de ville ont remplacé le guet, les souliers ferrés des Auvergnats les épées en vérouille!

Nous avons eu encore : la rampe en or massif de M. de Rothschild à Londres. J'en demande un morceau pour le partager avec toi.

Enfin, Nini, comme toujours, à Paris, nous avons eu : beaucoup de bruit pour rien ; de l'insouciance, de la gaieté, des drôlesses et des cocodès paradant aux courses et à Mabille, des actrices sans talent patronnées par le journal *le Théâtre*, des books frelatés, des commissionnaires jouant à la Bourse, des garçons de café insolents, deux journaux mort-nés, quelques incendies auxquels assistaient de petits messieurs, tout comme Néron, moins les roses au front ; enfin, l'ours blanc de M. Arnault, le pâle impressario de l'Hippodrome, un ours de plus : quand nous serons à dix, je ne ferai pas une croix.

L'Hippodrome m'agace.

Aussi bien que moi, tu le sais, Théodore Barrière a perdu le manuscrit d'un drame en cinq actes, manuscrit fidèlement rapporté par un cocher. C'est heureux, et j'embrasserais volontiers le cocher ; mais pourquoi, diable, l'accident n'est-il pas arrivé à M. d'Ennery ou à M. Victor Séjour? J'aurais été ivre de joie, surtout si le cocher avait donné ledit manuscrit à son petit dernier pour en faire des cocottes.

— Nous y aurions certainement gagné.

Veux-tu un petit *mort* pour rire en finissant?

Tu as connu X..., ce bohème pur sang, carottier impitoyable, poitrinaire incurable? Eh bien, il a eu un mot superbe mardi dernier, vingt-quatre heures avant sa dernière :

— Pauvre ami, lui disait Z..., tu espères encore, n'est-ce pas?

— Moi, pas du tout.

— Au moins, tu as pris tes dispositions, le corbillard...

— Je m'en moque.

— Allons donc, comment feras-tu alors?

— J'irai à pied au cimetière.

La bohème! — elle a encore du bon; — elle rit franchement à l'heure où les épiciers pleurent des larmes de crocodile.

Relis-moi bien vite Mürger, et à dimanche, à quatre heures, sur la place du Panthéon;—nous irons dîner à Clamart, la patrie des petits pois.

Sur ce, mille et un baisers. — Mets ta robe d'organdi.

## XXIII

Paris, le 10 juin 1865.

Chère enfant,

Je vais boucler ma valise, ma bonne valise de Tolède, et m'enfuir sur les ailes de la vapeur, comme dirait M. Belmontet.

J'ai assez de Paris, la cité reine; j'ai assez de ses turpitudes... je veux aller rêver un peu sur le tombeau de Virgile, beaucoup sur celui de Lucrèce, et pas du tout sur celui de Métastase. Je n'aime pas cet homme-là, ce poëte de carton qui n'a jamais eu, pour tout bagage, que ces deux vers :

> Gioventù, primavera della vita ;
> Primavera, gioventù dell' anno !

Ça ne me suffit pas.

Je préfère Glatigny : il est nature.

Voilà qui est donc bien décidé, je vais aller respirer un autre air que celui du boulevard Montmartre, contempler d'autres beautés que celles de Mabille, coudoyer d'autres bonshommes que ceux qui *s'absinthent* au café Riche de cinq heures à six.

Adieu, gandins infects, drôlesses éhontées, vous tous, abrutis qui, depuis ma majorité, n'avez cessé de jeter un froid dans mon existence.

Je vous lâche!

Je ne penserai plus à vous que pour vous mépriser sous l'ombre d'un hêtre ou d'un olivier; — il est vrai d'ajouter que je ne fais que cela depuis très-longtemps, malgré l'absence de ces deux végétaux.

Une seule chose m'inquiète, et je ne la passerai pas sous silence..... il y a encore des brrrigands en Italie. Je ne les croyais possibles qu'à l'Opéra-Comique ou à l'Hippodrome.

J'errais.

Hier, en lisant *la Patrie*, cette vieille garde-malade politique et littéraire, j'ai appris qu'un célèbre bandit du nom de Giardullo, et qui rendrait quatre-vingt-dix-sept points de cent en fait de brigandage à l'illustre Fra Diavolo, commettait là-bas, sans aucune espèce de scrupule, toutes les atrocités possibles.

Giardullo a du torse et de plus quelque chose comme trois cents chenapans qui l'aident dans ses petites combinaisons. Un homme connu quitte-t-il le pays qui a eu le malheur de lui donner le jour, pour aller voir vomir le Vésuve ou pour tomber en extase devant les beautés anacréontiques et malsaines du Musée secret de Naples, vite Giardullo, le bon Giardullo, l'aimable Giardullo, s'embusque sur sa route, le couche en joue et le fait prisonnier

Au bout de trois longs jours, trois mille siècles, le tendre Giardullo fait pendre, fusiller ou poignarder sa victime, si une bonne rançon n'est venue le délivrer.

Me vois-tu dans les mains de Giardullo?

Cet homme, évidemment pointilleux, commencerait par réclamer pour ma délivrance une quinzaine de francs, c'est évident, car je suis très-connu depuis que j'ai fait jouer un vaudeville à Bobino et que j'ai publié une brochure sur Barbey d'Aurevilly. Je suis très-populaire, presque autant que Timothée Trimm et Le Guillois; demande plutôt aux fruitières de la rue Maubuée et aux cochers d'omnibus.

Commerson payera-t-il ma rançon?

*That is the question.*

Quant à toi, Nini, mon gros chien aimé, l'occasion s'offre si splendide pour moi de me débarrasser de ta personne, que je n'en parle pas. Je supplierai même ceux qui te portent quelque intérêt de ne s'en occuper nullement. Tu me coûtes les yeux de la tête; en risquant la tienne, — tu serais dans le vrai.

Commerson, j'en suis sûr, refusera de parlementer avec Giardullo; — je renonce donc à mon voyage en Italie, et, tout compte fait, j'irai à Versailles, la patrie de Saint-Marc Girardin, persuadé que ce dernier sera moins féroce que Giardullo et que je pourrai marchander avec lui, dans le cas où il lui prendrait la fantaisie de m'offrir l'hospitalité, l'espingole au poing.

Une hospitalité plus qu'écossaise et qui a fait pas

mal de bruit dans Landernau, c'est celle offerte par messieurs de la Comédie-Française à Provost fils. Feu sur toute la ligne : — exclamations, stupéfactions, vociférations, rien n'y a manqué.

— Quelle honte! ont dit les premiers.

— Quel scandale! ont hurlé les seconds.

— Quelle turpitude! ont glapi les troisièmes.

Ils avaient raison tous trois; et Paris en est encore tout ahuri, j'entends le Paris intelligent qui croit encore à l'art, aux grandes choses, qui relit Regnard et Corneille, qui n'entre qu'avec respect dans la maison de Molière.

Oh! messieurs, ceci comptera, ceci ne passera pas inaperçu, ceci restera.

Certes, je le veux bien, je le lui concède, Provost fils a quelque talent.

Mais, quel talent?

Il sait jouer, il connaît les planches, la manière de s'en servir et celle de lancer un vers. A trois ans, son papa le faisait s'agenouiller devant le buste de Beaumarchais; il l'entourait des soins les plus tendres et les plus exagérés; — il croyait en lui. Aussi, à six ans, Eugène Provost récitait-il à son papa le récit de Théramène avec un aplomb bœuf. A quinze ans, il affrontait le feu de la rampe sur un théâtricule quelconque; à vingt-deux ans, il foulait les mêmes planches qu'ont foulées et Talma, et Rachel, et mademoiselle Mars, et Provost père lui-même.

A vingt-cinq ans, il était reçu sociétaire!

Quelle carrière bien remplie! Que de lauriers trop vite récoltés!

Et pendant ce temps-là, Barré, un vrai, celui-là, ayant le double d'âge, connaissant à fond son métier, pardon... son art, est là tout triste, et à l'annonce de sa défaite, se contente de s'écrier : Attendons!

Ma foi, je suis de l'avis d'Albert Wolff, et je partage sa généreuse indignation.

« Un jour viendra, a-t-il dit dans ses derniers échos du *Figaro*, où des personnes plus autorisées que moi s'indigneront des continuelles intrigues et injustices de ces messieurs.

» Ce jour-là, on donnera un coup de pioche dans cette baraque à scandale, et l'on confiera les destinées de la Comédie-Française à des hommes plus soucieux de l'art que de la fortune du fils Provost. »

Sainte-Beuve, dans un article sur la poésie en 1865, vient de parler de mon bon ami Armand Renaud, de ses *Caprices de boudoir* et de ses *Pensées tristes*. Mais pourquoi diable, dans le même article, n'a-t-il point parlé de ma poésie, à moi?

Jadis n'a-t-il pas rendu justice au talent fin de Commerson?

Est-ce que je ne vaux pas Commerson, moi qui, chaque semaine, émaille les prairies du *Tintamarre* d'alexandrins qui sont comme des bluets, de strophes qui ressemblent à des boutons d'or. Que M. Sainte-

Beuve ne s'y trompe pas, elle n'est pas à dédaigner, la poésie du *Tintamarre,* elle vivra plus longtemps que bien des recueils académiques, de même que le nom de Nini vivra plus longtemps que celui de madame Louise Colet (née Révoil).

J'ai dit.

Pour finir, le beau chien aimé, et pour prouver à M. Sainte-Beuve que je sais aussi bien pincer de la lyre que madame Ratazzi (princesse de Solms); voici huit vers que les tristes grèves de ces jours derniers m'ont inspirées :

> Aujourd'hui c'est la mode, il paraît, d'être en grève;
> Voulez-vous là-dessus savoir mon sentiment?
> Déjà tous les cochers se reposent sans trêve....
> Plus de sapins où l'on cause commodément!
> A trop rêver d'amour, ayant perdu ma séve,
> Je m'écriais hier dans le Jardin des Fleurs :
> Faites donc grève un peu, douteuses filles d'Ève,
> Ça nous épargnerait à tous bien des douleurs.

Je t'étreins de toutes les forces de mon âme.

## XXIV

Paris, le 17 juin 1865.

Chère petite,

Quelque chose qui tracasse pas mal, et avec raison, notre rédacteur en chef, c'est la concurrence déloyale des grrrands journaux.

*La Patrie* surtout y met un acharnement que nous ne saurions que trop blâmer dans l'intérêt même des soixante-six abonnés qu'elle héberge et entoure de soins paternels depuis vingt-cinq ans, sans compter ses dix-sept acheteurs au numéro.

Voici la chose, et si ce n'est pas du *Tintamarre* tout pur, je m'engage *illico* à présenter cinq actes à l'Odéon :

« Les jeunes gens le recueillirent; fort heureusement, il n'était blessé que par quelques plombs qu'il avait reçus dans les jambes.

» Ce nouvel Icare allait d'Antigone à Plati, où il aimait une jeune fille *qui partageait son amour*, mais dont les parents s'étaient formellement opposés à leur projet d'union. *Pour se rapprocher de sa bien-aimée*, il avait imaginé les engins dont il s'était affublé, et, après s'être exercé pendant quelque temps, il avait

réussi à franchir déjà deux fois la distance qui sépare les deux îles. Il en était à son troisième voyage aérien, quand le plomb meurtrier des deux amis *a fait tomber dans l'eau* son échafaudage d'amour et d'espérance. Actuellement IL EST A PLATI.. » . . . . . . . . . . . .
sur un lit de douleurs, probablement.

O monsieur Delamarre, vous ne lisez pas avec assez de soin la copie de vos rédacteurs, ça vous portera malheur. Cependant, pardonnez-leur pour cette-fois-ci; le mot de la fin y est. J'en aurais facilement donné 75 centimes, et sans marchander encore.

Du reste, vouloir corriger ces messieurs de la haute presse, vois-tu, c'est perdre son temps; et, comme le mien est des plus précieux, je les lâche.

Un d'entre eux n'a-t-il pas ainsi terminé un de ses derniers feuilletons :

« Après tous ces serrements de main, après toutes ces protestations d'amour, la pauvre enfant oublia son passé, les caresses de sa mère, les recommandations de sa tante, la montre à répétition de son oncle, et, fascinée, elle s'étendit sur le...

» — Gazons. »

*(La suite au prochain numéro.)*

C'est affreux, n'est-ce pas ?

Je n'ai rien de nouveau à t'apprendre de bien intéressant, et, pour t'occuper un peu, je vais essayer de tartiner quelques nouvelles à la main; — si elles sont réussies, je n'irai pas le dire à Rome.

Attention, je commence:

Mademoiselle Alphonsine va consulter, vendredi dernier, un jeune médecin de ses amis.

— Ma chère belle, lui dit l'Esculape de la rue des Martyrs, il faut vous purger demain soir.

— Demain, samedi? Mais c'est impossible, réfléchissez donc un peu.

— J'ai beau réfléchir, je n'y vois aucune espèce d'inconvénient.

— Mais si je me purge samedi, ça travaillera le dimanche; et le dimanche est un jour de repos.

—

La scène se passe à l'Hôtel des Ventes.

On met aux enchères la toile d'un Galimard quelconque.

— Il y a marchand à 3 fr., hurle le crieur Jean.

Personne ne répond.

— Messieurs, faites attention, dit à son tour le commissaire-priseur, je vais adjuger, c'est le tableau d'un maître.

— Oui, d'un mètre vingt-cinq centimètres, reprend Jean, qui tend de plus en plus à marcher sur les brisées de M. Prevost-Paradol.

—

L'autre jour, j'ai entendu faire la définition suivante

d'une lorette par la petite fille d'une portière de la place Vintimille :

— Une lorette, a-t-elle dit, c'est une dame qui a une chemise sale, emprunte dix sous à mon papa, porte des jupons bariolés comme des drapeaux, ses bijoux au clou quand elle en a, et des plumes à son chapeau. A quarante ans, elle est ouvreuse aux Délassements-Comiques.

J'ai interrogé l'enfant terrible dans le but de savoir de qui elle tenait des renseignements aussi exacts.

— Monsieur, m'a-t-elle répondu naïvement, je le sais mieux que vous, puisque c'est arrivé à ma sœur.

---

— Ce que je préfère à tous les spectres en vogue, a dit Siraudin, pas plus tard qu'hier, chez une petite dame de la rue Bleue, c'est le *spectre Choler*.

Ceux qui n'ont jamais commis le moindre vaudeville sont priés de lire : *spectre solaire*.

Ils comprendront peut-être mieux.

---

Aujourd'hui, un homme rangé, et sur le compte duquel il est impossible de jaser, c'est celui qui n'entretient pas plus de trois ou quatre femmes à la fois.

Dernièrement, X..., un de nos jolis gandins, causait sur le boulevard Montmartre avec une de nos cocottes les mieux réussies :

— Tiens, dit F... le raseur, voilà encore X... avec une femme nouvelle.

— Mais, pas du tout, reprit G... qui avait entendu, il y a huit mois qu'ils sont ensemble; — c'est sa *maîtresse légitime*.

—

Après Hermann, nous avons eu le bonheur de pouvoir admirer à l'Hippodrome, madame Schmidt.

Les lions ont respecté la sœur comme ils avaient respecté le frère; nous les en félicitons tout particulièrement.

Mais ce dont nous ne féliciterons jamais M. Arnault, c'est de sa bienveillance, de sa courtoisie et de son urbanité envers le public. Jamais directeur ne s'est montré plus féroce à l'égard des entrées.

Dernièrement, une dame se présente à son contrôle dans un état qu'on est convenu d'appeler intéressant.

M. Arnault était là surveillant ses employés. La dame donne son billet et passe.

Notre montreur de bêtes l'arrête :

— Pardon, vous n'avez qu'un billet ?

— Oui, monsieur.

— Il faut en prendre encore un.

— Pourquoi ?

— Pourquoi ?... mais dans votre position, madame, sait-on ce qui peut arriver pendant la représentation ?

C'était à la sixième chambre de police correctionnelle. Il s'agissait d'une plainte en adultère.

Le président interroge le prévenu mâle :

— Avez-vous quelques explications à donner au tribunal ?

— Une seule, monsieur le président. Le mari est caissier dans l'administration à laquelle j'appartiens ; il me faisait tous les mois des avances, sa femme a jugé convenable de m'en faire tous les jours, je n'ai pas cru devoir refuser.

Je t'embrasse bien.

## XXV

Paris, 20 juillet 1865.

Le beau bébé,

Tu es revenue, je t'en félicite. Tu es revenue, merci. Allons, je crois que je vais encore sourire à la vie, boire encore un peu à la coupe enchantée de l'amour, être heureux, vivre, enfin. Désormais, mon cœur ne sera plus veuf de félicités, et mes chemises de boutons. Tu as voulu me quitter, et ta boutade a duré à peine ce que dure le sourire d'une drôlesse de Mabille, lorsqu'elle s'aperçoit que son œillade s'adresse à un aéronaute, au lieu de s'adresser à un membre du Jockey-Club. — C'est gentil, c'est bien, je te le répète.

Jetons un bon voile de Tolède sur le passé, et causons un peu.

Sans t'en douter, ta petite personnalité et ton minois chiffonné m'ont valu une bonne fortune et une remontrance des plus soignées de mon cher Commerson. La bonne fortune consiste en une lettre d'Arsène Houssaye que tu as dû lire dans le dernier numéro du *Tintamarre*, si toutefois les confitures de groseille et d'abricots de ta tante que tu es en train d'étiqueter (pas ta tante), t'ont permis ce doux loisir.

J'éreintais Arsène Houssaye; j'avais tort, je le confesse, et je me prosterne aux pieds de sa prose, car pour moi le *Roman de la Duchesse* est une œuvre remarquable, une étude approfondie de la vie parisienne. En dévorant cela, toi qui as de l'intelligence et du cœur, tu resteras tout étonnée, toute bête, ta petite imagination travaillera et tu crieras mille fois bravo à l'auteur qui me conseille de te faire lire son œuvre (regarde un peu comme tu es connue !) Brode-lui une jolie paire de pantoufles pour la sainte Arsène et que ça ne traîne pas ! — Je me charge de les faire monter. Je te conseillerais bien, pendant que tu y seras, d'y aller aussi d'une paire de bretelles, mais je le crois trop de son siècle pour en porter.

Il y a quelques jours, j'ai applaudi, au théâtre du Palais-Royal, *le Supplice d'un homme.* — Il faisait bien chaud dans la salle, mais, parole d'honneur, le style, la gaieté franche, les mots abracadabrants qui fourmillent là-dedans m'ont rafraîchi... la mémoire. Je me suis souvenu que le *Tintamarre* avait toujours été bon prince et des plus bienveillants pour ce théâtre, que le *Tintamarre*, un des organes les plus convaincus de la capitale du monde civilisé, seul peut-être de tous les journaux plus ou moins spirituels qui se bousculent pêle-mêle à la devanture des libraires et sur les tables des cafés, ne recevait point de *service* pour le jour des premières.

Est-ce en rendre un aux auteurs?

Je ne le pense pas.

Est-ce combler de joie les acteurs et les actrices : Gil-Pérès et Hyacinthe, la Ferraris et madame Thierret?

Je ne le pense pas.

L'un de nous a-t-il été condamné aux travaux forcés à perpétuité?

Je ne le pense pas.

Barbançon, Flippoteau, Gustave Claudin, de Biéville, Triffouillard et Cerfbeer nous valent-ils?

Je ne le pense pas.

Craint-on notre franchise?

J'en doute.

Donc, et tu peux le leur insinuer, MM. Plunkett et Dormeuil oublient toutes les convenances que tout directeur doit à un journal aussi répandu et aussi corsé que le nôtre (777,777,005 abonnés, — sans compter ceux de Grenelle et celui de Buenos-Ayres).

Allons! messieurs, un peu de courage à la poche.

La veille, toujours au même théâtre si hospitalier, on avait joué *la Tribu des rousses*, un petit acte très-franc. Ne pouvant pénétrer dans la salle, j'errais aux alentours, non loin du gros père Venise (je n'ose dire Milan), lorsque j'entendis la conversation suivante, échangée entre deux pâles voyous, tels que les a rêvés et dépeints Auguste Barbier :

— Regarde donc l'affiche... Oh là là, c'titre, comme c'est malin! — *l'Attribut des rousses;* parbleu! c'est de ne pas toujours sentir la rose.

Tout cela t'ennuie, n'est-ce pas? — Tu aimerais mieux le petit bleu de madame Charles, tu t'écrierais, en débouchant la première bouteille de cette médecine vinicole :

Qu'importe le flacon, pourvu qu'on ait l'ivresse!

Mais que veux-tu, il faut bien parler de tout ce qui grouille dans Paris, de celui qui met le nez à la fenêtre, de celui ou de celle qui essaie de se faire un nom. Ma position ne me permet pas de boire toujours du petit bleu en contemplant tes deux grands yeux noirs. Je me dois à mon siècle et à la postérité.

Voilà pourquoi je te dirai encore quelques mots sur deux musées : le musée Hartkopff, et le musée Hildebrandt, nouvellement fondés, mais pas encore fondus.

Le premier est infect ; il y a là, sous des vitrines, des tas d'immondices qui répugnent ; c'est l'hôpital du Midi en cire — renvoyé aux carabins qui s'agenouillent devant le tablier blanc et le bistouri de Ricord, l'homme le plus décoré de France, après Alexandre Dumas.

Quant au second musée, le musée Hildebrandt, recommande-le à tes amis et connaissances, qui se figurent que le monde finit à Saint-Cloud ou à Château-Thierry. — En vingt minutes, ils connaîtront la Chine, l'Egypte, l'Abyssinie, etc., etc. — Cela vaut la peine qu'on se dérange.

Tu m'écris ceci, et, permets-moi de te l'avouer, c'est canaille :

« Léon,

» Je ne suis pas saisie de ton manque de parole, j'aurais dû m'y attendre.

» Ça n'est pas drôle.

» Pourquoi promettre et ne pas tenir, surtout une si petite somme (100 francs). — Je crois que ce n'est pas l'obélisque à avaler. »

. . . . . . . . . . . . . . . . . .

. . . . . . . . . . . . . . . . . .

Mais, petite sotte, cent francs et moi n'ont jamais passé par la même porte. Tu me fais de la peine.

Demande six livres à Michel Lévy, et n'en parlons plus.

En terminant, je vais te citer deux mots inédits. — Sois fière d'en avoir la primeur ; dans huit jours ils auront fait leur tour de France.

Voici le premier :

C'était sur le boulevard, et mademoiselle Philippe, des Folies, passait nonchalamment appuyée sur le bras d'un petit journaliste très-connu.

— Tiens, Philippe! s'écrie Grenier en l'abordant; comme je suis content de te serrer la main, moi qui ne t'ai pas vue depuis le 24 février 1848.

Voici le second :

La scène se passe rue de Vintimille.

*Le monsieur.* — Voyons, belle enfant, soyez un peu raisonnable, vous me ruinez.

*La cocotte.* — Je vous répète que je veux cet attelage.

*Le monsieur.* — Vraiment, vous êtes des plus exigeantes.

*La cocotte.* — Pour un attelage, en voilà des manières ! Vous m'aimez, dites-vous, et bien, mettez le proverbe en action : Qui aime bien, *charrie* bien.

Là-dessus, beau bébé, mille gros baisers, rendsm'en dix demain dans le bois de Meudon, et je serai le plus fortuné des Desgrieux passés, présents et futurs.

---

## XXVI

Paris, 30 juillet 1865.

Chère petite cascadeuse,

Sapristi, comme je ne la trouve pas limpide !

Il est neuf heures du soir, nous sommes le 27 juillet, je cuis, littéralement parlant. Mademoiselle X..., du théâtre Saint-Germain, beugle aux épiciers du boulevard Sébastopol (r. g.) la prose de M. Gabriel ; des drôlesses court-vêtues se déguisent en grisettes et grimacent de faux sourires à la nature avortée d'Asnières-Gadouville ; mon propriétaire mange du melon ; ma concierge s'évente avec le *Petit Journal*, Commerson se roule en caleçon et en gilet de flanelle sur les pelouses de son castel du Raincy, et je suis là, moi, le chroniqueur à la mode, au café Molière, devant un verre d'eau sucrée et un cahier de papier blanc !!!

Ce cahier, il faut le remplir, et, dans une heure, le porter à l'imprimerie Dubuisson; dix braves compositeurs se le partageront, et, dimanche prochain, cinquante mille idiots le dévoreront, en s'écriant tous avec une unanimité des plus touchantes : « Est-il assez bête, cet animal-là? »

C'est tristement beau, c'est lamentable; mais bast, après tout, allons-y gaiement! Ne suis-je pas l'homme des dévouements stoïques qui conduisent tôt ou tard à l'hôpital, en passant par les fourches caudines du petit journal.

Beaucoup de ces dames font commerce de leur cœur; moi, je fais commerce de mon intelligence, vierge de toute collaboration à la *Revue des Deux-Mondes* et à l'*Univers illustré*.

Au rideau!

Ne pas se le dissimuler, cette semaine l'emprunt de la Ville a fait jaser.

Ceux qui se baignaient lundi à Dieppe, à Bougival ou à Alexandrie, se trouvaient mardi sur la place de l'Hôtel-de-Ville, implorant des employés de M. Haussmann un tout petit bout de papier, en échange de bonnes espèces sonnantes, trébuchantes et ayant cours. Il s'agissait d'une bagatelle : DEUX CENT CINQUANTE MILLIONS.

En trois ou quatre heures, M. Haussmann les a trouvés. Et ne les eût-il pas trouvés, le grand financier de l'époque et du Crédit mobilier, M. Péreire, enfin, les avait garantis sur sa cassette particulière.

Rien que cela !

Quelle veine !

J'aurais demandé, moi, tel que tu me vois, trois francs soixante-quinze centimes à rendre dans le même laps de temps, que je suis sûr qu'aucun porte-monnaie ne se serait ouvert ; qu'aucune tirelire ne se serait cassée.

Pour ma part, je trouve bon ce résultat, je trouve admirable cette combinaison qui consiste à emprunter les louis et les billets de banque des heureux du jour, en leur disant : Je vous les prends aujourd'hui, mais pour vous les rendre demain avec du soleil, de l'air, de l'espace, de la santé pour tous.

On démolit ; — on fait bien.

On me donne du gazon et de l'ombre, là où il y avait de la boue et des coupe-gorges ; — on fait bien.

On me met à bas le Paris d'autrefois, on me rend un Paris sublime, métamorphosé, n'offrant plus qu'une idée vague des siècles écoulés ; — on fait bien.

Je n'aime pas :

Le Paris où parfois l'œil heurtait par hasard
Dans la fange enfoui quelque trésor de l'art,
Où l'on voyait encore, à plus d'un coin de rue,
S'arrondir fièrement la tourelle ventrue ;
Où (sans doute nos fils en douteront demain)
D'une fenêtre à l'autre on se donnait la main ;

Où le soleil jamais, tant la rue est fangeuse,
N'osait laisser traîner sa robe lumineuse ;
Ce Paris, en un mot, triste, délabré, laid,

. . . . . . . . . . . . . . .

Vive l'espace : l'espace, n'est-ce pas la liberté ?

Messieurs du *Siècle* et de *l'Opinion personnelle*, sur ce point-là, je ne serai jamais d'accord avec vous.

Mais je m'aperçois que je me lance ; au lieu d'être drôle, je la fais à la pose et je politique.

Veux-tu bien vite finir, grand enfant, il est temps de te tendre la perche ; tu allais te noyer !

De quoi causer ?

Des livres qui ont paru depuis quinze jours, et que j'ai tous là sur mon bureau ?

Non, mile fois non.

Sauf *la Vierge folle*, de M. Vailly fils, sauf *la Famille Hasard*, de Pierre Véron, et *la Plume au vent*, de Charles Chincholle, le reste est infect, et rien qu'en en lisant le titre, on dort le vrai sommeil.

Je te parlerais bien de Millaud et du *Petit Journal*, mais, le soir même, je recevrais du papier timbré. Il ne plaisante pas, le papa Millaud. Le voilà, à l'heure qu'il est, intentant trois procès à trois journaux différents, qui ne gobent pas son papier à chandelle, et qui trouvent étranges les prétentions littéraires de ce banquier journaliste, libraire et marchand de tortues.

On n'a pas idée de ça !

Je ne veux pas non plus te parler d Abd-el-Kader, qui dînait hier chez M. Emile de Girardin; tous mes confrères ont tellement abusé de l'émir, qu'il n'en reste plus du tout. — Je vais traîtreusement glisser trois ou quatre mots, et puis tout sera dit pour aujourd'hui.

Un bohème de lettres très-connu au boulevard se pavanait hier devant le café Véron dans un costume de gandin des plus irréprochables.

— Tiens ! dit X... en l'abordant, comme te voilà bien mis.

— Ah oui, répond notre homme, ça été moins prompt, mais je suis aussi couvert que l'emprunt de la Ville.

.·.

— Eh bien ! et ton fils, qu'en fais-tu, disait mademoiselle Leinenger à une de ses amies d'enfance.

— Mon fils, ma chère, j'en suis très-fière... il vient d'être reçu bachelier; il a son diplôme.

— Ah bah ! Tu veux donc en faire un diplomate ? — C'est gentil.

.·.

Elle s'appelait Blanche de Saint-Ange, elle donnait une soirée.

Les lustres étincelaient, l'or ruisselait sur les tapis et les convives se bourraient de sandwichs.

Mais Blanche était inquiète, le marquis n'arrivait pas !

Comme la deuxième heure allait sonner, il fit son entrée, le cou emprisonné dans un col trop étroit.

— Enfin, te voilà, mon loulou, dit Blanche de Saint-Ange.

— Je suis en retard, mais ne m'en veux pas ; le cocher m'a fait prendre des chemins impossibles ; je me plaindrai à la Compagnie, j'ai son numéro : 1,571.

— Tiens, s'écria Blanche de Saint-Ange, c'est mon frère !

Deux cent treize poignées de baisers, et à dimanche, sans faute, mon beau bébé.

---

## XXVII

Paris, 3 août 1865.

Beau bébé,

On a joué, cette semaine, au Théâtre-Impérial du

Châtelet, *le Déluge*, de MM. Clairville et Siraudin, une vraie première, et tu n'y étais pas !

Je crois que tu baisses énormément dans l'estime des directeurs, beau chien aimé. Jadis, tu avais toujours ton petit strapontin à chaque première ; on te craignait et, partant, on te dorlotait. Aurais-tu commis quelque mauvaise action ? Aurais-tu remplacé la vicomtesse de Renneville dans le torchon à trois sous de M. Delamarre ? Aurais-tu présenté deux actes au Vaudeville, et le directeur de ce désert te les aurait-il acceptés avec le même empressement qu'il accepte les alinéas pâteux d'Émile de Girardin, ce trompe-l'œil politique ? Aurais-tu mangé du homard et bu du beaune première en compagnie de Cora Pearl et de Léonide Leblanc ? Te serais-tu fait tourmenter les gencives par Désirabode ? T'aurait-on vue à Mabille ou au parc d'Asnières ? Aurais-tu perdu ta bonne braise chez le sieur Bénazet ? Aurais-tu enfin penché pour l'un de ces deux nez qui nasillent avec tant de succès la prose de nos vaudevillistes à la mode, Hyacinthe et Grenier ? Je sais que tu les as, eux et leurs organes, en grande estime.

Tire-moi de ce doute affreux ; il m'afflige. Je dirai plus : il me *grandguillotise*.

Enfin, si tu n'y étais pas, j'y étais, moi. J'ai coudoyé dans le foyer tout le Paris régence de 1865 : Thérésa et madame Gaspari, Paulin Limayrac et Émile Abraham, Sarcey et Jules Prével, Aurélien Scholl et

Amédée Blondeau, Charles Rouvenat et Sary, et bien d'autres accouplements étranges.

Mon bon Commerson, sur le terrain duquel je ne veux pas empiéter, te dira, dans son langage fleuri, ce que vaut la pièce, ce que valent ses interprètes, ce que l'on doit enfin attendre du *Déluge*, remis sur l'eau, grâce aux efforts de MM. Clairville et Siraudin.

Assez donc sur ce chapitre-là, — trop même.

Si tu veux une vraie nouvelle, une de celles qui font tressaillir et les penseurs et les marchands de lorgnettes, et les ébénistes et les académiciens, et les jeunes et les vieux ; une de ces nouvelles qui remuent aussi bien le noble faubourg que le quartier des Écoles, la voici : Victor Hugo (salue bien bas !) vient de livrer à l'impression :

1° *Les Chansons des rues et des bois;*

2° *Les Travailleurs de la Mer ;*

3° *Torquemada* (drame en cinq actes) ;

4° *La Grand'mère* (comédie en un acte).

Voilà un grand événement littéraire, voilà qui doit te combler de joie, toi qui l'adore tant, Victor Hugo, toi qui crois encore à cela qui s'appelle la poésie ! Tu te souviens de nos longues soirées d'hiver, où pendant que tes petites mains préparaient le thé, cher à Armand Renaud, un disciple du maître, je te lisais, accroupi devant le feu et oubliant les *Pensées d'un Emballeur*, ces vers immortels, ces chefs-d'œuvre qui dureront plus que l'obélisque et les diamants de mademoiselle Duverger.

Oh! comme c'était nature! Étais-je assez bon, moi, le séide plantureux et rageur de Commerson, me prenant d'enthousiasme pour l'*Ode à la Colonne* ou pour la *Tristesse d'Olympio!*

Telle est la vie, beau chien aimé. Le matin, après une demi-nuit comme celle-là, on se lève le cœur plein de rivières bleues et de fleurs roses, l'âme exaltée, les paupières humides, le cœur cherchant un cœur qui vous comprenne ; et le soir du même jour, après avoir dîné chez Brébant, dominé par la satisfaction ignoble de l'estomac, on se retrouve applaudissant aux mollets et au torse de mademoiselle Schneider, à la prose de Ludovic Halévy et à la musique beuglante d'Offenbach.

Je te le dis en toute sincérité : on a beau crier, on a beau faire, si quelques industriels de lettres, dans les petits journaux, au théâtre et ailleurs, avilissent la littérature française, Victor Hugo est là qui veille au feu divin pour les jeunes qui veulent et qui, peut-être, sauront grandir.

Pardonne-moi, chien aimé, ces lignes ampoulées, et comme je ne trouve pas de transition assez habile pour te causer de choses plus gaies, je m'en passe, et tu vas voir si elles sont bien gaies, ces choses-là, aussi cette lettre sera-t-elle des plus courtes.

Nous avons eu, à l'Hippodrome : Abd-el-Kader, un

ballon et des bêtes moins farouches que les cocottes et les daims de Mabille :

Est-ce bien gai?

Nous avons eu une pièce nouvelle au Gymnase, intitulée : *Les Filles mal gardées*.

Est-ce bien gai?

Nous avons vu traîner un nom des plus honorables sur les bancs de la police correctionnelle?

Est-ce bien gai?

La *Société des auteurs dramatiques* s'adresse aux tribunaux pour régler ses différends, la *Société des auteurs* me semble fort malade.

Est-ce bien gai?

Sont-ils bien gais, les bonshommes en carton et les filles de plâtre qui tournent et retournent autour des tapis verts des tripots d'Allemagne? Sont-ils bien gais les panaris dramatiques, les ours, qu'ont fait éclore ces dernières chaleurs tropicales?

Allons donc! Paris, à l'heure où je t'écris, Paris est impossible, même pour les couples heureux qui peuvent jeter mille francs chaque jour par les fenêtres.

Seul, notre ami Charles Chincholle a gardé sa verve ; il a eu l'autre soir, au café Véron, un mot drôle.

— Sais-tu, m'a-t-il dit, quels sont les actionnaires les plus sérieux?

— Non.

— Eh bien, ce sont ceux qui ne touchent pas de dividendes.

— Allons donc ! et pourquoi ?

— Parce que ça ne les fait jamais rire.

Maintenant, tu peux préparer ta malle, acheter l'*Indicateur des chemins de fer*, un pâté et une couverture de voyage, — je t'emmène bien loin d'ici, — à Viroflay. — Ne le dis à personne.

Là-dessus, deux mille baisers pour toi toute seule.

---

## XXVIII

Paris, 20 août 1865.

Rayon de ma mansarde,

Mardi dernier, notre bonne ville de Paris a été envahie par quelques milliers de sauvages venus de Château-Thierry, de Philadelphie, de Toulouse, de Grenelle, de Turin, de Saint-Pétersbourg, de Batignolles-Monceaux, de Madrid et de Londres.

Oh ! la vilaine cohue ! oh ! les laides figures ! oh ! les singuliers accoutrements et les singuliers visages ! oh ! les pauvres gens !

La province et l'étranger, ne m'en parlez pas, je les ai en horreur; pour moi, c'est le dernier mot de l'humanité antédiluvienne et scrofuleuse. Ces gens-là vous ont une manière de vivre à eux, une façon de s'habiller à eux, une façon de respirer à eux, enfin, une façon d'aimer, de boire et de manger impossible.

Lorsque le génie de la colonne de Juillet les a aperçus se ruant en troupe serrée sur nos boulevards, à la recherche d'un lampion, d'une table d'hôte et d'une chambre confortablement meublée, il a rougi; de jaune qu'il était, il est devenu groseille, et s'est *illico* commandé un pantalon casimir noir aux magasins de la Porte-Montmartre. La morale ne peut qu'y gagner.

Je les ai étudiés deux jours durant, ces gorilles, et je n'en reviens pas, je n'en reviendrai jamais.

X..., rédacteur en chef d'un grand torchon politique de province (torchon dont je suis le correspondant plus que fantaisiste, entre parenthèses), m'avait expédié, par le train de 7 heures 45, un de ses collaborateurs âgés, qui n'avait pas salué la coupole de l'Institut depuis la naissance du duc de Bordeaux.

Tu vas voir dans un instant comme ce crétin-là était bien réussi, quoique homme de lettres et admirateur quand même, et à jet continu, de Casimir Delavigne et de madame Récamier.

Grand, gros, apoplectique, sanguin comme la cravate de Timothée Trimm, spirituel comme M. Janicot, lettré comme Clairville, de l'âge de Jules Janin, ayant l'humeur folâtre et badine de Banville, tel était le colis humain qui m'était expédié sans autre forme de procès, et que je devais trimbaler, réjouir, dorloter dans la journée du 15 août 1865.

Je dois ajouter, et je désire que M. Vapereau, quand il daignera me caresser l'épiderme, enregistre ce fait; je dois ajouter, dis-je, que mon bonhomme était accompagné d'un panier de pêches et de brugnons dont n'aurait voulu à aucun prix la femme de chambre ou le marmiton de lettres de mademoiselle Léonide Leblanc.

Avec ce mollusque, et désirant faire les choses convenablement, j'ai dépensé la somme de 311 francs 40 centimes, dont le détail va suivre.

Mon addition est aussi exacte que le tirage authentique inséré en tête de chaque numéro du *Petit Journal*, donc, attention !

| | | |
|---|---:|---:|
| Nourriture. | 13 | » |
| Barbe. | » | 50 |
| Cigares. | 1 | » |
| Bains froids. | » | 40 |
| Séjour à Mabille, suite de ce séjour, y compris la bonne, la voiture et le reste. | 296 | 50 |
| Total. | 311 | 40 |

J'ai payé tout cela rubis sur l'ongle, pour m'entendre dire, au moment cruel de la séparation, et en guise de remerciment :

— Nom d'un tonneau ! si Héloïse l'apprend jamais !...

Tu peux dormir en paix dans tes lares, mon bon idiot, je n'irai pas t'y rechercher. Seulement, je suis bien aise de pouvoir me venger de toi, par la voie du *Tintamarre* en t'apprenant que je t'ai fait prendre :

Lambert Thiboust pour Siraudin,
Henri Rochefort pour Guizot,
Commerson pour Émile de Girardin,
Gaspari pour Nestor Roqueplan,
Molin pour Courbet,
Garnier Pagès pour Albert Wolff,
Léonide Leblanc pour Suzanne Lagier,
Duval pour Deffieux,
Gustave Doré pour Daumier,
Hortense Cavallié pour Arnould-Plessy,
Alphonse Daudet pour Jules Moineaux,
Grandguillot pour Laferrière,
Timothée Trimm pour Jules Noriac,
Eugène Déjazet pour Vacquerie,
Et enfin Hamburger pour Babinet.

Je t'ai berné, ami bien doux. Tu m'as cru simple et naïf : erreur. — J'étais canaille, et avec préméditation encore. Si tu veux, nous plaiderons : tromperie sur la qualité de la marchandise livrée.

J'envoie trois cents numéros dans l'infecte localité

qui a eu le malheur de te donner le jour, — histoire de t'être désagréable.

On continue à parler encore des faits et gestes d'Abd-el-Kader et d'un nommé Émile de Girardin.

En 1840, ces deux messieurs occupaient toute l'attention publique, les voilà revenus sur l'eau en 1865 : le premier avec un burnous neuf, une barbe teinte, et le second avec une pièce pitoyable.

A propos de l'émir, plusieurs de mes confrères ont cru devoir raconter, heure par heure, minute par minute, seconde par seconde, l'existence parisienne du hadgi farouche aux yeux calmes.

Tu dois avoir lu partout que le pianiste Magnus, reçu chez Abd-el-Kader, s'était assis devant un Pleyel quelconque, et avait si habilement tourmenté les touches d'ivoire de l'instrument, que le sultan, né sous les palmes, n'avait pu s'empêcher de l'étreindre en lui disant :

— Si j'étais souverain, je vous donnerais le premier de mes ordres.

Mais ce que mes confrères ont oublié de relater, c'est la réponse de Magnus, réponse qu'une émotion peu contenue a pu seule dicter :

— Je ne reçois d'ordres de personne.

Je te causerais bien d'Émile, mais là, franchement, est-ce la peine ?

Laisser ce polémiste vigoureux, aujourd'hui piètre vaudevilliste, à ses sombres pensées, me paraît une bonne action de la part d'un chroniqueur qui connaît son métier.

Ainsi ferai-je.

Je vais terminer la séance par quelques lignes que j'intitulerai, pour cette fois seulement :

### BADINAGES AU LAIT D'AMANDES DOUCES.

Tout le monde sait qu'Hamburger, un garçon qui ira loin, soit dit en passant, remplissait dans la *Belle Hélène* le rôle d'Ajax.

Une cocotte des plus malsaines et des plus mal apprises aperçoit notre homme samedi dernier sur le boulevard :

— Tiens, se mit-elle à beugler, Ajax ! Ajax !

— Mon Dieu, madame, lui dit Hamburger, à quoi cela peut-il vous servir de crier *Ajax si haut* (1) ?

∴

— Voulez-vous une pensée d'emballeur? me dit dernièrement Renan en passant sur la place Saint-Sulpice.

— Volontiers.

— La voici : si j'étais modiste, j'aimerais mieux

---

(1) Ajaccio, chef-lieu de la Corse, pour les abrutis du *Petit Journal* et les bandagistes brevetés s. g. d. g.

monter les tours de ma patronne que celles de Saint-Sulpice.

C'est idiot, mais que veux-tu?... Quand on est de l'Institut...

.·.

Les rédacteurs des *Faits divers* dans les grands essuie-mains politiques, ne manquent jamais, lorsqu'ils ont à parler d'un incendie, d'ajouter :

« Sans de prompts secours, l'incendie dévorait le pâté de maisons qui s'étend, etc., etc., etc. »

Cette phrase, aussi vieille qu'insensée, est archi-usée, sapristi!... Des incendies qui dévorent tant de pâtés que ça devraient être étouffés depuis longtemps.

Là-dessus, reçois l'expression de mon parfait amour.

## XXIX

Paris, 28 août 1865.

Mon beau chien aimé,

Tu respires à l'aise à Viroflay, n'est-ce pas?

Eh bien, moi, je respire très-mal à Paris.

Dimanche prochain, à huit heures peu précises, j'irai prendre un tantinet de ton soleil, beaucoup de ta gaieté et énormément de ton amour. Heureux bébé, enfant gâté, dois-tu assez me bénir, moi, qui sur des économies bien raisonnées, ai pu, à force de privations de tous genres, te bâtir ce nid de verdure où tu as le droit, sans que personne vienne te le contester, d'oublier toutes nos hontes, toutes nos bassesses, toute notre boue et toutes nos turpitudes!!

Plus de marchandes à la toilette, plus de gandins, honte de leurs familles, plus de books frelatés, plus de calembours, plus de nouvelles à la main ressassées, plus de maquillage! M. Renan reste muet; et seul Alfred Sirven chercherait, là comme partout, un nouvel éditeur et un nouveau moyen de se faire condamner à trois mois de prison. Voilà un singulier homme de lettres, un *prisonphile* agaçant... lui, toujours lui, et jamais lui! Il écrit et personne ne le lit, excepté les vieux polissons de Belgique. Assez! beaucoup trop; elle est usée cette plaisanterie; de grands génies l'ont commencée, il est triste de voir un minuscule de lettres vouloir l'achever. Je suis aussi et peut-être plus libéral que M. Sirven, mais je t'assure que je ne voudrais à aucun prix de ce piédestal pour attirer sur moi les yeux de la foule. J'excuserais ce jeune homme, s'il avait quelque talent, mais il n'en a aucun. Son style sent les faubourgs de Pézénas qui l'ont vu naître, et, quant à sa morale, elle sent d'une lieue celle de Calino. Essaye de le lire et tu verras si je n'ai pas raison.

Mais me voici bien loin de Viroflay et des allées touffues où tu me souris à chaque pas comme devaient sourire les bergères de Watteau à leurs bergers. Que veux-tu? il me faut toujours revenir à mes moutons, et mes moutons pâturent de la Bastille à la Madeleine.

Hier, j'ai bien ri je te l'assure, en me rendant au café Véron. Sur tous les trottoirs, sur toutes les colonnes dites colonnes Rambuteau, je lisais écrit en belle grosse normande, comme j'ai lu jadis au quartier latin :

### BARBEY D'AUREVILLY IDIOT

Je lisais :

### GIRARD DAIM

Moi, je trouve ça drôle, le gamin de Paris vaut son pesant d'or.

Parole d'honneur, je regrette d'avoir, il y a de cela quelques années, risqué sur M. Francisque Sarcey quelques plaisanteries tintamarresques! Je prenais un malin plaisir à l'effleurer légèrement du bout de ma mauvaise plume; aujourd'hui, je voudrais avoir le style carabiné d'Aurélien Scholl, l'esprit de Villemessant et l'influence de Théophile Gauthier pour lui dire en termes bien sentis : Vous avez, monsieur Sarcey, gagné une belle victoire. De cet assaut vous êtes sorti vainqueur, aux applaudissements de tous et avec les sympathies de tous. Emile de Girardin est un mauvais Jaime fils comme vaudevilliste. Comme charlatan littéraire, il est aussi bien réussi que M. Alfred Sirven.

Oh! la douce poésie, oh! les écrivains sérieux et honnêtes, comme ils s'en vont bride abattue, mon beau bébé, et comme je suis heureux lorsque je rencontre un tout jeune homme qui, sachant manier le vers, croit encore que c'est arrivé.

Ce bonheur m'est échu pas plus tard qu'hier. En flânant sous les galeries de l'Odéon, à la devanture de madame Gouet, j'ai découvert un tout petit, tout petit bouquin intitulé : *Chansons de vingt ans*, et signé : Frédéric Barré. Tu sais combien je suis difficile, combien j'aime peu ceux qui, sans scrupule aucun, viennent quémander les louanges d'un rédacteur du *Tintamarre*, après s'être prosternés aux genoux pleins de rhumatismes des rédacteurs des grands journaux. Eh bien! veux-tu savoir mon opinion? Le petit bouquin de M. Barré pourrait être signé Monselet ou Daudet; — c'est ciselé comme eux; la jeunesse et la franchise y rayonnent à chaque page.

Voici comment se termine ce sourire poétique d'un rêveur de vingt ans qui ignore encore, heureusement pour lui, le nom de Clairville, mais qui m'a tout l'air de savoir par cœur Hugo et Musset :

> Trop pressé de signer un livre,
> Pauvres vers, éclos en rêvant,
> Sans raisonner quand je vous livre
> A tous les caprices du vent ;
> Lorsque, durant toute ma vie,
> Ne vous mirant qu'à mon miroir,
> J'aurais, sans peur et sans envie,
> Pu vous garder dans mon tiroir,
> Peut-être vainement j'enroule
> Vos fleurs d'un ruban printanier ;
> Ceci, me répondra la foule,
> N'est pas le dessus du panier.

Si tu as quelque respect pour moi et pour le vrai culte, garde-toi bien, beau chien aimé, d'imiter la foule ; tu sais qu'elle est toujours stupide lorsqu'elle n'est pas hideuse.

Une pauvre fille, dont le nom m'échappe, vient de périr au milieu des flammes en plein quartier latin. A peine avait-elle seize ans ; c'est triste, je le veux bien. Mais ce qu'on m'accordera sans peine, c'est que si cette jeune fille fût restée chez sa mère, si elle eût allumé le poêle de cette dernière, au lieu de griller une cigarette, Paris compterait une honnête fille de plus, et messieurs les étudiants, qui l'ont presque tous accompagnée au cimetière, ne nous auraient pas donné le triste spectacle qu'ils nous ont donné. Je n'admets pas que des jeunes gens intelligents saisissent ainsi l'occasion de prouver à tous qu'ils manquent en général de bon sens. Gardez vos larmes pour d'autres circonstances, messieurs. L'occasion n'est pas rare de les verser.

N'oublie pas, beau chien aimé, de me préparer pour dimanche du veau aux carottes, tu sais que je l'adore. Je ferai tous mes efforts pour t'apporter une botte de radis et le dernier numéro du *Voleur*.

Je t'embrasse à pleins poumons.

---

## XXX

Paris, 3 septembre 1865.

Parfum de la nature,

Cette semaine, j'ai reçu une correspondance à rendre jaloux le caissier de M. de Rothschild. Ça a plu lundi, mardi et mercredi dans les bureaux du *Tintamarre*, et à tel point qu'Ernest, notre homme de confiance, et qui n'a jamais voulu verser de cautionnement, a versé un torrent de larmes; cette volumineuse et inaccoutumée correspondance lui rappelant l'heureux temps où, secrétaire particulier de M. Villemain, il décachetait chaque matin le courrier du grand écrivain auquel la France n'est redevable d'aucun chef-d'œuvre.

Voici la chose :

Dans le dernier numéro de ce bon journal qu'on appelle le *Tintamarre*, journal spirituel et consciencieux s'il en fut jamais, je me suis attaqué à MM. les étudiants. Je leur reprochais leur trop grande sensiblerie à l'endroit d'une jeune fille morte au milieu des flammes en allumant sa cigarette. Or, sais-tu ce que m'a valu ma légère boutade, ce que m'ont valu mes justes remontrances, mon indignation bien sentie?... Quelque chose comme une centaine de lettres où je suis traité de cuistre, de crétin, de vieux jobard, etc., etc., etc. M. X... même, rue Dauphine, va beaucoup plus loin : il m'accuse d'être vendu aux jésuites de la rue Cassette, de dîner tous les dimanches chez M. Veuillot et de faire le compte rendu théâtral dans le journal *le Monde*.

Je l'avoue, ce dernier coup a été pour moi le plus pénible. Si ce bruit se confirme, je suis un homme perdu à tout jamais dans l'estime de Commerson, et j'y tiens.

Un autre aimable cascadeur de l'autre côté de l'eau, dont je n'ai pu lire la signature, m'interpelle en ces termes :

« En agissant comme nous l'avons fait, qu'avons-nous prouvé? Qu'il nous reste quelques bons sentiments. Les afficher, ce n'est donc point donner un triste spectacle, comme vous le prétendez; bien au contraire. Vous êtes très-jeune, monsieur, donc vous me comprendrez, je l'espère, et vous en viendrez à regretter des lignes qui vous sont échappées dans un moment de spleen ou de misanthropie. »

Je suis jeune, il est vrai, très-jeune, mais j'avoue que je ne regrette aucune de mes lignes. Quant à les avoir écrites dans un moment de spleen ou de misanthropie, voilà qui est faux. Je sortais de chez Brébant, où j'avais mangé trois douzaines d'écrevisses bordelaises et bu deux bouteilles de champagne frappé, avec toi, tu t'en souviens... — Jules Prével nous accompagnait.

Jamais je ne suis plus gai que dans ces moments-là. Est-ce que Nini, avec sa belle jeunesse et ses grands yeux noirs; est-ce que Prével avec son esprit et sa franchise si nature; est-ce que les écrevisses bordelaises et le champagne frappé ont jamais engendré la mélancolie?

Allons donc! Mieux vaudrait nier le génie de Victor Hugo, la calvitie de Siraudin et l'influence du maquillage sur l'imagination scrofuleuse de nos gandins.

Que ces messieurs se rassurent, qu'ils cessent surtout leurs insolences à mon égard, elles ne prouvent rien, ne font que glisser sur mon épiderme, et l'effleurent à peine.

Je ne suis point leur ennemi, je les aime; encore moins leur Géronte, la morale n'est pas mon fort. Moi aussi, j'ai été étudiant, seulement j'ai quitté la partie le jour où *le Code civil dévoilé par Commerson* m'est tombé sous la main.

Lisez-le dans vos moments perdus, aimables correspondants, et vous m'en direz des nouvelles. Pour vous mettre l'eau à la bouche, je vais vous en citer quelques lignes au hasard :

« *La contrainte par corps est un omnibus qui mène à Clichy. — Le conducteur est un huissier, et le cocher un garde du commerce.*

» *Les principales stations de cet omnibus sont : Brébant, la Maison-d'Or, les coulisses de Déjazet. On délivre des billets de correspondance pour le Palais de Justice.* »

. . . . . . . . . . . . . . .

### DES SECONDS MARIAGES

147. — ON NE PEUT CONTRACTER UN SECOND MARIAGE AVANT LA DISSOLUTION DU PREMIER.

« *Autrefois, la bigamie était un cas pendable. De nos jours, on ne pend plus les gens pour cette fantaisie orientale; mais, par une allusion pleine de galanterie, on les envoie à Cayenne porter une* double chaîne. — *Ils ne font que changer de* fers. »

Voilà, et maintenant un dernier mot.

Rappelle-toi les vers de mon ami Pierre Véron, médite-les bien ; voilà comme je comprends la vraie jeunesse :

La jeunesse ! ah ! salut aux sublimes chimères,
Aux instincts généreux, aux songes éphémères,
    Au belles passions de feu !

Salut à ce banquet, où parfois le convive
S'enivre, mais toujours garde, quoi qu'il arrive,
La part du mendiant, hôte envoyé par Dieu !

Salut au dévouement, ami de la souffrance,
Aux yeux pleins de rayons, aux cœurs pleins d'espérance,
    Aux voix ne sachant que bénir !

Salut aux fronts tout haut racontant leurs pensées,
Aux forces pour le bien et le beau dépensées,
Aux fraternelles mains qui cherchent à s'unir !

J'ai dit. — Passons à des idées plus riantes.

Après ces lettres qui ne m'ont pas du tout fait monter le rouge au visage, bien au contraire, j'en ai décacheté une qui m'a fait diablement plaisir. Elle est signée Francisque Sarcey, et je ne puis résister au désir de la glisser ici sournoisement.

« Monsieur,

» Je vous remercie des quelques lignes que vous

avez mises dans le *Tintamarre*, à propos de mon affaire avec M. de Girardin.

» Je suis très-touché des regrets que vous exprimez ; mais croyez-moi, monsieur,

Vos scrupules font voir trop de délicatesse.

» Jamais je n'ai trouvé, dans le *Tintamarre*, de plaisanterie que ne pût accepter un écrivain. Vous n'êtes pas sorti des bornes, et vous n'avez usé que de cette liberté qu'autorise l'usage dans les petits journaux.

« J'ai ri moi-même de très-bon cœur des gaietés qui vous échappaient sur mon compte. Quelques-unes étaient vraiment drôles.

» Je suis heureux, monsieur, qu'une occasion survienne de vous serrer la main, et de vous dire que je suis votre très-dévoué

» Lecteur et justiciable,

» Francisque Sarcey. »

Ainsi, messieurs et mesdames, voilà qui est bien convenu : nous ne sommes pas si méchants que cela. C'est un homme d'esprit, un de nos critiques les plus influents qui nous l'affirme.

Maintenant, M. de Montalembert peut crier par dessus tous les toits de la capitale que je ne suis qu'un cuistre, et faire chorus avec les étudiants, je relirai la bienveillante lettre de M. Sarcey et... je ne m'en porterai pas plus mal.

Au moment de signer cette mauvaise prose, je m'aperçois que j'ai manqué à tous mes devoirs de chroniqueur. Je ne t'ai parlé ni de la réouverture de l'Odéon, ni de la souscription en faveur d'un mourant, M. Antony de Menou. Je reviendrai là-dessus dimanche prochain.

Je préviens l'Odéon que je ne le ménagerai pas; je préviens M. Antony de Menou que je le traînerai dans une jolie boue. On n'a pas idée d'un monsieur qui se pose en poitrinaire, qui organise sa petite souscription et qui s'en va murmurant à tous :

« *Veuillez prendre en considération que j'ai horriblement besoin d'argent,* et que, dans quelque temps, il sera peut-être trop tard pour me venir en aide : l'hôpital ne rend pas sa proie. »

Où allons-nous?

Que vont dire les bourgeois?

Bonjour à toi, comme dit la reine Pomaré, que je t'engage à ne pas imiter dans ses écarts.

## XXXI

Bade, 8 septembre 1865.

Ma chère enfant,

Je suis à mon poste depuis trois grands jours, et je n'aspire qu'à une chose : prendre le chemin de fer et te revoir. Tu ne peux te figurer comme on s'amuse peu ici : Bade est tout simplement une ville impossible, qui n'a aucune espèce de raison d'être, où l'on vous donne de vieux boutons de culotte en guise de monnaie, où vous n'avez la faculté de respirer un peu proprement qu'à la condition de vous appeler le duc de Draskostouriskoff ou mademoiselle Léonide Leblanc. Cette charmante enfant, que tu as dû ne pas applaudir à Paris, jouit ici d'une célébrité insensée; on se presse autour d'elle et de ses toilettes (elle en change cinq fois par jour). A ses côtés, une vingtaine de ces petites dames dont Paris commence à se dégoûter, mais dont les Badois raffolent, — esprit de contradiction.

En arrivant, et en chroniqueur qui sait son métier, je me suis précipité avec mon sac de nuit sous un portique au fronton duquel brille en grosses lettres noires le mot *Conversation* (traduis : *Maison de jeu*). On m'a pris mon sac de nuit, mon chapeau et ma canne ; si on ne m'avait pris que ça encore !... Tu vas voir.

J'entre : — un silence de mort, — des tables vertes, — des glaces entourées de vieilles roses fanées, — des messieurs chauves avec des lunettes et des râteaux, — des petites dames (toujours, toujours et puis encore) qui ont toutes l'air de regretter le café Riche, les coulisses des Délassements, le profil d'Oscar et pardessus tout leurs grosses économies de cet hiver qu'empochent, sans scrupule aucun, les croupiers de M. Bénazet.

Je risque ma petite pièce de cent sous (le pain de toute une famille) ; — je n'ai pas le temps d'éternuer qu'elle est rasée. Une seconde lui succède, même balançoire ; puis une troisième, une quatrième, une cinquième ; enfin, je rerisque trois louis, toujours en vain. Ma conscience me dit : En voilà assez, es-tu fou, arrête-toi, mon fils. J'écoute ma conscience, je reprends mon sang-froid, mon chapeau, ma canne, mon sac de nuit et le chemin de l'hôtel, en maudissant M. Bénazet et son petit tripot.

Sans quelques bons amis que j'ai eu le bonheur de rencontrer là-bas, je serais dans tes bras, Nini, et je pourrais, samedi soir, en corrigeant les épreuves, demander à Commerson une avance de 10 francs. Je ne lui imposerai pas un sacrifice aussi pénible, je connais trop les charges effrayantes que lui impose, à la fin d'un mois, l'existence du *Tintamarre*. Je reste encore quelques jours, pour admirer les environs de Bade, qui sont charmants, d'autant plus charmants, que M. Bénazet n'a pu encore y faufiler ses roulettes, son trente-et-quarante, ses croupiers et tout ce qui s'en suit.

Je ne veux pas clore cette correspondance, dont tu excuseras la brièveté, sans te parler du voyage de Paris à Strasbourg. Je ne connais pas, pour ma part, de ligne de chemin de fer où les employés soient plus polis, les caisses plus confortables. Les voyageurs sont l'objet des attentions les plus délicates, et le service se fait avec une régularité exemplaire. Pourquoi ai-je trouvé au débarcadère M. Bénazet et son tripot? Enfin, je suis fixé comme une bonne photographie et, l'an prochain, je me promets d'échapper aux griffes de MM. les croupiers, si M. Gireaud et mes passions me le permettent.

On n'a pas idée des conversations idiotes que l'on entend ici; elles vous poursuivent partout, jusqu'au château de la Favorite, d'où je t'écris en ce moment.

Wolff appelle son cocher pendant une demi-heure; celui-ci revient une heure après, aussi calme que s'il venait d'assister à la lecture d'une machine en cinq actes de M. Clairville.

— Sapristi, est-ce que vous vous fichez de nous? s'écrie Wolff en allemand.

— Oh! monsieur (répond le cocher dans le français le plus pur), c'est comme moi, voyez-vous, je mets vingt balles sur la rouge, en pensant au nez de G..., la noire sort, hein, quelle déveine! Demain, je mettrai sur la noire en songeant à la trombine de Cochinat.

Et je finis là-dessus; si ce n'est pas drôle, accuse M. Bénazet et ses croupiers. Je suis furieux, et je ne conseillerais pas à M. Paulin Limayrac de me lire en ce moment son dernier premier-Paris.

Bien à toi.

*P. S.* — J'apprends à l'instant l'arrivée de M. de Montalembert. Je cours lui emprunter 30 francs que je mettrai ce soir sur le numéro 22. Je gagnerai évidemment; n'y a-t-il pas vingt-deux ans, jour pour jour, heure pour heure, que le *Tintamarre* a fait entendre aux populations épatées, mais ravies, ses premiers bégaiements?

## XXXII

Paris, 11 septembre 1865.

Entends-tu?

« Ici Médor, cherche, cherche, apporte!

» Tout beau, tout beau!

» Par ici, mon cher, il est dans cette luzerne. — Prenez à gauche, moi, je prends à droite, et tirez entre les deux oreilles.

» Sapristi, je le tenais au bout de mon fusil, et v'lan, le voilà qui fait un crochet et s'en va droit sur Coqmardin, qui le tue !...

» Ici, Diane, ici, cherche, cherche, apporte, apporte ! »

Toutes ces exclamations, toutes ces surprises idiotes, tous ces coups de soleil, de fusil, toutes ces courbatures, toutes ces folies en plein air, en pleine nature, sous les yeux de l'immensité et du garde champêtre, c'est ce qu'au mois de septembre mes contemporains appellent *boire à la coupe enivrante des plaisirs cynégétiques* — autrement dire : aller à la chasse.

Elle est ouverte, la chasse ; et de pauvres bêtes qui n'ont jamais entendu parler ni de chemins de fer, ni du *Petit Journal*, ni des cocottes, quittent, abattues par le plomb stupide du chasseur, la plaine dépouillée de sa moisson ou le bois encore touffu, pour faire connaissance, à l'état de cadavre, avec Paris la grand'-ville.

Une fois tuée, la pauvre perdrix est entortillée dans la prose de Timothée Trimm, avec un peu de foin à la clef ; on la porte au chemin de fer, et quelques heures après, les jolies quenottes de nos drôlesses la dévorent, en compagnie d'affreux gandins.

Presque toujours, et à peu de chose près, voici son oraison funèbre :

« J'aime bien ces petites affaires-là, mais quand il y a des truffes dedans et qu'elles sentent mauvais. »

Grand bien vous fasse, je n'envie pas votre bonheur. Tuez quelque gibier, chasseurs de la décadence, mais, je vous en prie, épargnez-vous les uns les autres ; et, sous prétexte de tuer un lièvre au gîte, n'allez pas occire votre ami le plus cher, occupé, derrière un buisson, à toute autre chose qu'à lire *les Méditations* de Lamartine ou *la Vie de Jésus* d'Ernest Renan.

Tu le sais, beau chien aimé, je déteste les petites dames, les cocodès et tout ce qui s'en suit. Eh bien, une chasse qui me comblerait de joie, une battue qui ferait mon bonheur, c'est celle-ci : à l'heure de l'absinthe, sur les boulevards, entre cinq et six heures enfin, on prendrait tous les pères, tous les frères, tous les oncles, tous les cousins germains, toutes les tantes âgées de nos modernes Marcos, comme rabatteurs. Armé de cette arme qui ne rate jamais et qu'on appelle : le respect de la famille, ils me refouleraient tout ce mauvais gibier où il doit être refoulé.

Hélas ! c'est impossible, et cette chasse n'existera jamais que dans mon imagination maladive et par trop exaltée. Comme toujours, ces petites dames seront infectes, et elles aideront, comme par le passé, ces petits messieurs dans leurs turpitudes. Nous arrivons à une décadence qui, si l'on n'y met bon ordre, ne sera que de la gnognotte en comparaison de celle qui força jadis un empereur romain à demander un abri au Domange de son époque. A peine la canicule nous a-t-elle glapi sa dernière note, que déjà nos vaudevillistes à la mode font bégayer par les filles de nos femmes de ménage des couplets court vêtus. Hier, c'était au Palais-Royal, — aujourd'hui, c'est au théâtre Déjazet. Oh! les pièces à femmes! qui donc nous en délivrera, monsieur Camille Doucet?

Certes, je n'en veux pas aux auteurs : Grangé, de Jallais et même Victor Koning ne sont pas des ineptes. Ils ont quelque talent, ils ont même beaucoup d'esprit. Mais pourquoi toujours cette gamme-là? Ne serait-il pas temps d'en choisir une autre? On y patauge, il y a des fossés, et, au bout de ces fossés, la culbute; espérons-le, du moins.

Assez de cocottes, nom d'une pipe!

Je ne vois guère, le beau chien aimé, quelque chose de neuf cette semaine. Si Commerson me le permettait, je te parlerais bien de la pièce de Déjazet, ci-dessus nommée; mais c'est impossible. Ce joli vieillard se réserve le doux plaisir de t'en entretenir, toi et nos 50,000 lecteurs. Je le regrette, car j'adore beaucoup Koning, l'un des auteurs; — il a réussi. J'aurais aimé le lui dire, et recevoir sa carte.

Enfin!!!

Pourquoi donc persistes-tu à garder ta robe bleue? Elle m'agace..... la vilaine couleur! Je t'en supplie, lave-la sans pudeur aucune, et ne viens pas me contraindre à te chanter ce couplet de Clairville, je n'en serais que plus inexorable :

> Bébé, le bleu, c'est une couleur tendre ;
> C'est la couleur des amoureux, je crois,
> C'est la couleur qu'auprès d'vous l'on doit prendre ;
> Si j'étais roi vous ne seriez qu'à moi,
> Et votre bleu serait un bleu de roi (bis).

Pourquoi donc persistes-tu à lire l'*Opinion nationale?*

Je préfère l'*Époque.* Il y a un chroniqueur charmant là-dedans, qui répond au nom de Jules Richard. Ses chroniques sont de petites perles ; il ose avec courage, amuse avec esprit. Lis-le chaque jour. De plus, une fois par semaine, et au rez-de-chaussée, tu feras connaissance avec Jules Vallès, actuellement à Londres.
— Il t'épatera par ses hardiesses.

Pourquoi donc persistes-tu à mettre un corset ?

J'aime pas ça.

Pourquoi lances-tu des œillades à Castellano et fais-tu la grimace à Nestor Roqueplan ?

J'aime pas ça.

Enfin, pourquoi cette vie de débauche, qui n'est aucunement en rapport avec nos faibles moyens d'existence ? Faut en changer. Remettons-nous un peu, idole de mon âme, au gigot aux haricots et aux pruneaux du bouillon Duval. Avec 2 fr. 75 c. par jour, nous en verrons la farce. Le soir, je te conduirai du côté de l'obélisque, de la colonne Vendôme et des chevaux de Marly, la tête et le ventre aussi libres que l'Amérique.

Réfléchis, cela n'est pas à dédaigner.

Voici mon mot de la fin, ne le colporte pas trop. Si le vin de Bordeaux gagne à voyager, je t'assure qu'il n'en est pas tout à fait de même des inepties qui peuvent s'échapper de la plume d'un piètre chroniqueur de mon acabit :

La petite X... rencontre sur le boulevard un de nos vaudevillistes à la mode.

— Oh ! fit-elle en l'abordant, que je suis aise de vous voir, donnez-moi donc une loge pour l'Ambigu.

— Impossible.

— C'est pour ma mère.

— Tiens, je croyais que vous l'aviez perdue ?

— C'te bêtise ! quand nous perdons notre mère, nous autres, nous en retrouvons une autre immédiatement ; *c'est une question de pièces de cent sous.*

Au revoir, chien aimé, je t'embrasse bien fort et je t'embrasserai plus fort encore dimanche, à la condition que tu ne mettras plus de corset.

## XXXIII

Paris, 17 septembre 1865.

Le beau chien aimé,

Voilà qui est bien : deux saltimbanques américains, les frères Davenport, puisqu'il faut les appeler par leur nom, deux pauvres escamoteurs auxquels les Yankees et tout ce qu'il y a de plus sauvage par delà les mers ont fait une réputation usurpée, ont été hués chez nous, en plein Paris, en pleine France, rue de la Victoire, chez MM. Herz, non loin du Conservatoire, du boudoir de Rigolboche et du café Riche.

J'en suis aise, très-aise. Nous avons encore du chien dans le ventre, bravo, mille fois bravo ! Ne le prodiguons pas, utilisons-le avec sagesse, et il y aura encore de beaux jours pour la France.

L'avouerai-je ? — un moment j'ai eu peur. Nous sommes si gobeurs !

Je me suis dit ceci : deux paillasses débarquent chez nous, les journaux, grands et petits (un seul excepté, le *Tintamarre*), chantent à qui mieux mieux les louanges de ces gaillards-là, nous voilà encore dupés, encore conspués, encore floués, et MM. les faiseurs de revues ne manqueront pas, fin décembre courant, de porter aux nues, en les blaguant adroitement, ces faiseurs de tours plus maladroits que le dernier des pitres de la foire de Saint-Cloud ; — j'errais.

Nous sommes sauvés ; il y a progrès. Merci, France!!
Capitale du monde civilisé, merci !

Mais en flanquant sous le boisseau ces deux Léotards, en les étouffant, avons-nous bien dit le dernier mot, avons-nous bien escamoté tous les ridicules et tous les scandales ?

Ne nous reste-t-il rien à faire, rien à tenter ?

Profitant de ce généreux mouvement, ne devons-nous pas donner la chasse à tous nos paillasses et à tous nos escamoteurs ? Il n'y a que le premier pas qui coûte, — il est fait ; — faisons le second.

Vaudevillistes, dramaturges, abandonnant tout ou partie de leurs droits d'auteurs à des directeurs malhonnêtes, — SALTIMBANQUES !

Phrynés malsaines, enfarinées, puant le musc, l'idiotisme, et la honte, — SALTIMBANQUES !

Coulissiers sur lesquels la justice a constamment l'œil ouvert, — SALTIMBANQUES !

Journalistes vendus et pendus aux mollets de ces petites dames qui, sous prétexte d'art théâtral, hurlent faux les couplets de Blum, de Flan, de Cogniard, de Saint-Agnan Choler — SALTIMBANQUES !

Etc., etc., etc., etc., etc., etc., etc., etc., etc.

Y en a des flottes comme ça, plus nombreux que les

fautes de français dans un premier-Paris de M. Paulin Limayrac.

J'espère, j'espère beaucoup. Les frères Davenport, sans s'en douter, nous ont sauvé la vie et l'honneur.

Sus aux saltimbanques, sus à tout ce qui n'est pas droit, honnête et loyal.

Nous ne nous en porterons que mieux, parole d'honneur panachée !

Avant d'en finir avec les frères Davenport, je veux adresser un sincère remercîment :

1° A nos voisins d'outre-Manche.

2° A Alfred de Caston.

Nos voisins d'outre-Manche ont tiré les premiers et ils ont bien fait.

Quant à Alfred de Caston, en dévoilant le dessous des cartes, il a rendu à la science un signalé service.

Son indignation est bien sentie et je suis heureux d'en citer quelques parcelles :

« Vous êtes nés en Amérique, vous disposez d'un pouvoir surnaturel, et vous n'avez pas évoqué la grande ombre de Washington sur les champs de bataille, pour arrêter la guerre fratricide qui désolait votre patrie ? Vous faites apparaitre des mains dans l'espace, et il ne vous est pas venu à l'idée d'en lancer une pour arrêter au passage la balle meurtrière qui allait faire un martyr du président de votre république ?

« Mais à quoi vous sert donc votre science, si vous êtes impuissants pour faire le bien ?... Vous êtes *mé-*

*diums*, dites-vous, et vous ne pouvez exécuter vos jongleries qu'après avoir soufflé les bougies !... En vérité, cela fait pitié ! »

Je n'ai rien à ajouter. — Je passe à autre chose.

Moi aussi, j'y suis allé de mon petit voyage aux Pyrénées, car il y en a encore, quoi qu'aient pu dire ce bon Louis XIV et ce sémillant Méry.

Si à ma sortie du collége j'ai pu tomber en admiration devant les basques de l'habit d'Hippolyte Lucas, je dois avouer que je viens de contempler d'autres Basques qui m'ont causé diantrement plus de plaisir.

C'est étonnant comme ces gens-là sont intelligents, quoique hâlés par le soleil méridional et dépravés par la trop grande quantité de figues dont ils se bourrent quotidiennement.

Tous lisent le *Tintamarre*, ils ne comprennent même que cela en fait de littérature française.

Exemple :

Je passai dimanche dernier à Urrugn (17 habitants, dont 3 pharmaciens et 1 poëte). En arrivant, je fus tout étonné d'entendre ces paroles tomber des lèvres de mon postillon, qui m'en lança quelques-uns.

— Senor désire-t-il que je le conduise à l'hôtel Commerson, rue Rossignol ?

Étonné, je lançai un *oui* des plus significatifs.

Eh bien, car j'abrége, s'il n'y avait à Urrugn que 17 habitants, dont 3 pharmaciens et 1 poëte, il y avait à l'hôtel Commerson, rue Rossignol, 300 lecteurs du *Tintamarre*, fous semi agités, qui se réveillaient chaque quart de seconde pour s'écrier en chœur : Où vont-ils chercher tout ce qu'ils écrivent, ces gaillards-là ?

Je m'enfuis aussitôt, craignant les ovations tumultueuses d'une population aussi fanatique.

Maintenant que je suis de retour dans mes foyers, que je me suis rasé et que je t'ai couverte de baisers et de picaillons, je me fais un devoir d'adresser à cette partie de la population basque la proclamation suivante :

### HABITANTS D'URRUGN !

Votre hospitalité était mouche, mais vos sentiments à mon égard m'ont touché.

Avoir donné mon nom à une rue, c'est bien.

Avoir dressé un hôtel en l'honneur de Commerson, c'est mieux encore.

Vous que le soleil dore, vous qui en prêtant l'oreille, ainsi que les cavales sauvages, pouvez entendre le rugissement sourd de l'Océan, sur les rochers déchiquetés par la vague blanche d'écume ; vous qui croyez encore à l'amour, à l'influence de l'ail, de la chasteté et de la famille ; vous qui êtes bons, vous qui êtes purs, au nom du *Tintamarre*, merci ! Mais mettez une sourdine, à un enthousiasme qui pourrait prendre des proportions inquiétantes.

Paris, le 12 septembre 1865.

Crois-moi ton bien dévoué quand même et toujours.

---

## XXXIV

Paris, 22 septembre 1865.

Le beau chien aimé,

Je commence tout d'abord par te le jurer sur tes jolies menottes, je n'ai pas volé dix francs aux frères Davenport, je ne suis pour rien dans l'affaire et j'ai la conscience aussi tranquille là-dessus que le dernier des rédacteurs du *Courrier de Limoges,* ou de Château-Thierry. Tu peux donc, en toute sécurité, venir chez moi, tu peux encore me sauter au cou, tu peux encore me raccommoder mes bretelles et me lire les poésies d'Alfred de Musset, je n'ai rien à démêler avec la justice, je ne suis pas encore assez mûr pour la correctionnelle.

C'est égal, voilà pour nous autres, petits journalistes, une bien vilaine histoire. Fort heureusement que je puis te tranquilliser et te citer ces fameux noms. Ne le dis à personne, garde cela pour toi et pour ta tante des Batignolles.

Voici, sans commentaire, les noms de ceux de mes confrères qui n'ont pas rougi d'escamoter deux jolies pièces de cent sous aux deux pauvres escamoteurs que couvre de sa protection le célèbre Bernard Desrones :

Jules Janin, Théophile Gautier, Arsène Houssaye, Sainte-Beuve, Francisque Sarcey, Commerson, Louis Ulbach, Henri Rochefort, Albert Wolff, de Pène, Louis Enault, Jouvin, Bourdin, de Villemessant, Albéric Second, Aurélien Scholl, Pierre Véron, Grandguillot, Émile de Girardin, Paulin Limayrac, Guéroult, Havin, Jourdan, Labédollière, Nefftzer, Ernest Feydeau, Saint-Marc-Girardin, Buloz et Le Guillois.

La semaine prochaine, bravant tous les scrupules, piétinant à pieds joints sur toutes les convenances et sur tous ces messieurs, oubliant leurs longues années d'honorabilité pour ne me souvenir que de cette soirée néfaste, je leur clouerai au front l'écriteau de la honte, je les poursuivrai de mon fouet vengeur, en un mot, je publierai leurs noms en plein *Tintamarre*.

Il est temps que justice se fasse, je veux pouvoir marcher la tête haute et sortir de chez moi sans être exposé au mépris de mon charcutier ou de ma blanchisseuse. Jeudi soir, cette dernière, en me rapportant mes deux faux-cols et mes dix-sept gilets de flanelle, ne m'a-t-elle pas dit : C'est-y vrai, monsieur, que les journalistes comme vous, ça fait les foulards à la salle Herz et les porte-monnaies dans les omnibus ?

Messieurs, je ne vous le pardonnerai jamais.

Je passais hier devant l'Institut, devant ce palais que nous devons à la gracieuseté d'un nommé Mazarin, qui légua, pour le construire, deux millions en argent, plus 45,000 livres de rente sur l'Hôtel-de-Ville de Paris par un acte dûment en forme et daté du 6 mars 1661.

Je passais, en songeant un peu, mais très-peu, à ma copie, beaucoup à ton amour et pas du tout aux quarante immortels qui, grâce à M. Mazarin, peuvent confortablement roupiller sous cette vilaine coupole jaune d'œuf.

Et je vis quelques Limousins qui, d'une main sacrilége, remuaient, tourmentaient, brossaient, astiquaient les quatre lions si connus des Auvergnats du quartier. A d'autres on retire le pain de la bouche ; à ceux-là, à ces rois du désert, on retire l'eau, — par la chaleur actuelle, c'est pas bien. Ces pauvres animaux en mourront, j'en ai peur.

Là, l'huissier venait remplir le verre d'eau indispensable à tout récipiendaire ; là, on goûtait un peu de fraîcheur et de bien-être ; c'est ainsi que tout s'évanouit, que tout se transforme. Moi, je crois tout simplement à une mauvaise plaisanterie : ceux qui connaissent M. Prévost-Paradol savent que ce jeune académicien ne peut prononcer dix lignes sans avaler vingt verres d'eau sucrée. Or, le jour si impatiemment attendu où il doit prononcer son discours de réception approche ; on a voulu paralyser ses forces, on a trouvé un moyen, et on a sauté dessus, c'est évident, c'est palpable.

Préviens, rayon de ma mansarde, le jeune et bouillant néophyte de la rue des Prêtres-Saint-Germain-l'Auxerrois, n° 17. — Je l'ai toujours gobé, et puis il n'a pas trempé dans l'affaire Davenport.

Je suis depuis une heure à me caresser le menton, signe chez moi d'une préoccupation très-grande, je cherche, recherche ; les parois de mon gilet de flanelle s'humectent, il est vrai, mais je ne trouve rien de neuf à t'apprendre. Rien, si ce n'est la nomination de Victor Koning. Le voilà maintenant, ce tout jeune homme, secrétaire général du théâtre impérial du Châtelet ; ses ennemis d'hier sont ses amis aujourd'hui. On m'assure, et je n'ai pas de peine à le croire, qu'il sera bienveillant pour tous, qu'il lira tous les manuscrits, engagera tous les Jenneval de la Corrèze et toutes les Arnould-Plessy de l'Ardèche. — Ça sera du propre. Un peu de sévérité, Victor Koning ; supprimez toutes les entrées, envoyez tous les manuscrits au pilon, y compris ceux de Victor Séjour et de d'Ennery ; diminuez de moitié tous les appointements, engagez tous les invalides de l'art dramatique, voilà le seul moyen de vous faire une royauté durable et d'obtenir tous les suffrages de la petite et de la grande presse.

Je parle sérieusement, le beau chien aimé, car je n'aime pas les cascades. Toutefois, comme il fait très chaud, en voici trois ou quatre pour te rafraîchir et terminer la séance :

C'était à la sixième chambre, et sur le banc des accusés figuraient un beau brun se caressant la moustache et une jolie blonde pleurant à chaudes larmes.

LE PRÉSIDENT AU MONSIEUR. — Enfin, vous ne pouvez nier l'évidence ; le mari de la prévenue était depuis deux ans en voyage, des relations s'établissent entre vous et madame, et, par une lettre jointe au dossier, vous vous engagez à reconnaître l'enfant. Qu'avez-vous à répondre ?

RÉPONSE DU MONSIEUR BRUN. — Pardon, une chose bien simple : Comment voulez-vous que je reconnaisse l'enfant, je ne reconnaîtrais même pas la mère ?

∴

Un honorable commerçant de la rue Chapon flanque une paire de soufflets, en plein café, à un de nos confrères de *l'Abeille cauchoise*.

Ce dernier envoie le lendemain deux témoins.

— Messieurs, dit l'honorable commerçant, je ne me battrai point.

— Allons donc! c'est une affaire d'honneur; vous ne pouvez reculer.

— Je recule ; car, si je comprends très-bien l'honneur des affaires, je ne comprends nullement les affaires d'honneur.

∴

Lambert Thiboust, le spirituel vaudevilliste, qui compte autant d'admirateurs et d'amis que de cheveux, se promenait dernièrement dans une des salles du musée du Louvre.

Arrêté devant un magnifique tableau de Van Eyck, il feuilletait le livret, cherchant le sujet de la peinture.

— Monsieur trouve difficilement, lui dit un gardien, monsieur veut-il me permettre de lui venir en aide en lui disant comment *s'écrit Van Eych?*

— *Scrivanech?* fit alors Lambert Thiboust, ne me parlez jamais de cette actrice-là.

Maintenant, mon beau bébé, assez pour aujourd'hui et à dimanche prochain. — Tu auras ta paire de bottines. Commerson m'a promis une avance de onze francs sur mon mois de janvier 1866.

Je t'embrasse tout plein, tout plein et puis encore.

## XXXV

Paris, 1er octobre 1865.

Chien aimé,

Laisse-moi tout d'abord dire deux mots en particulier à Eugène Déjazet, — nous verrons après.

Eugène, je ne t'aime plus ;

Eugène, j'avais pour toi, à défaut de respect, une certaine considération mêlée d'un enthousiasme à tout casser lorsque l'occasion daignait s'en présenter ;

Ta petite boîte ne m'était pas désagréable ; je m'y suis récréé bien souvent, et les cocottes que tu engages, trop facilement peut-être, et sans pudeur, étaient loin d'effaroucher et mes vingt-cinq ans et ma vertu ;

Tes pièces, montées avec une parcimonie regrettable quelquefois, avaient pour moi un grand attrait : elles m'économisaient cinq sous de pavots le soir où j'avais le bonheur de les entendre bégayer par tes pensionnaires ;

Enfin, je t'adorais et maintenant je te déteste cordialement, car tu as cruellement frappé une bonne fille, une actrice de talent, une camarade à ta maman

Déjazet et qui répond au nom peu harmonieux, mais très-connu de Boisgontier.

Un mauvais point, Eugène.

Eh quoi, voici une artiste qui pendant quelques soirées va chanter chez votre voisin deux ou trois romances, et vous lui réclamez 20,000 francs, et vous les obtenez, et vous vous frottez les mains, et vous les palperez, en vous drapant dans votre cynisme directorial, fier d'un traité signé trop légèrement!

Au nom de l'art dramatique que votre maman a si bien illustré; au nom de Virginie Déjazet, sans laquelle, à l'heure présente, vous ne seriez rien, ne faites pas cela.

J'ai dit.

Connais-tu, idole de mon âme, les trois cravates blanches du contrôle du Théâtre-Lyrique?

Ces trois cravates blanches sont bien amusantes, ma parole d'honneur! Auprès d'elles les verroux de Mazas et de Saint-Lazare ne sont qu'une couronne de fleurs. Je te défie d'entrer, sans un carton préalablement échangé au bureau contre une pièce de monnaie quelconque, dans le capharnaüm de M. Carvalho, — serais-tu la marraine de madame Carvalho.

Ces trois messieurs, car tu supposes bien que ces trois cravates ceignent le cou de trois individus, ces trois cerbères sont bien les gens les plus impolis, le plus âgé surtout, qu'il soit donné au mortel le moins favorisé de la nature de contempler.

Raides, empesés, un crayon à la main, les cheveux au vent, l'œil dédaigneux, la moustache en croc, il faut les voir à leur poste, abrités derrière leur comptoir en chêne et protégés par deux municipaux. Sapristi! qu'ils sont donc beaux, le plus âgé surtout!

Quand Disdéri ou Carjat nous les photographieront-ils?

Lundi, on jouait au Théâtre-Lyrique un opéra d'un de mes amis, Ernest Dubreuil. Voilà cinq ans que je connais Dubreuil; je n'ai pas pour lui l'amitié d'un frère, ce serait peut-être trop dire, mais je tiens en grande estime son talent d'écrivain. Je passe volontiers une soirée avec lui, je le tutoie, et, au besoin, je lui ferais même une petite réclame en cachette de Commerson, à l'heure où, enveloppé dans sa robe de chambre, mon cher maître ne pense pas plus au *Tintamarre* qu'au petit dernier de M. Offenbach.

Or, lundi, je me présente poliment, le chapeau à la main, devant les trois cravates blanches ci-dessus nommées.

— Monsieur, ai-je dit avec une émotion réelle et à la plus âgée des trois, seriez-vous assez bon, s'il n'y avait pas d'indiscrétion dans ma démarche, pour vouloir bien me permettre d'entrer un instant; je suis M. Léon Rossignol du *Tintamarre*.

— Votre billet.

— Monsieur, si j'avais un billet, je n'implorerais pas de vous une faveur aussi grande.

— Veuillez vous éloigner ou je serai forcé de sévir.

Et je me suis éloigné en me promettant bien de demander à M. Carvalho si la toilette de marié ou de croque-mort de ses employés n'influe pas un peu sur leur moral et si, en leur octroyant chaque fin de mois quarante ou cinquante francs, il exige d'eux, en retour de cette largesse, une urbanité vis-à-vis de la presse, qui m'a rappelé celle des concierges de l'abattoir de Grenelle vis-à-vis des rédacteurs du *Times* ou de *l'Indépendance belge*, lors de la dernière exposition.

Après le journal *les Nouvelles*, voici venir *le Soleil*, je ne sais où cela s'arrêtera, mais cela devient fatigant. Chaque matin, un nouvel organe, et, partant, un nouveau boniment. Le poëte de bas étage qui m'a adressé la pièce de vers suivante, que j'imprime volontiers, me comblerait de joie en portant sa petite marchandise chez nos confrères. Je l'accueille pour cette fois seulement; mais qu'il n'y revienne plus :

> A l'époque où tombe la feuille
> Du haut des arbres, dans les bois,
> Le journaliste se recueille,
> Et met l'imprimeur aux abois.
>
> Sur les murs ce ne sont qu'affiches,
> Annonçant, comme événement,
> Que des gens illettrés, mais riches,
> Au moyen d'un abonnement

A Paris et dans la province,
Vont verser la stupidité.
Que Dieu fasse qu'il ne soit pas mince
Le profit si mal mérité!

Parmi ces feuilles j'en prends une
Au hasard. Titre : *Le Soleil.*
Que ne nous fait-on voir *la lune?*...
Il faudrait moins d'appareil.

Toutefois, bonne chance aux nouveaux venus! Faites, mes blonds bébés, que votre premier bégaiement soit sonore, et ne salissez pas vos langes avec des faits divers trop usés, des assassinats trop corsés, des suicides trop violents, des romans trop embrouillés et un style sentant trop la halle.

La galette du Gymnase n'existe plus, et tous mes confrères ont versé sur son trépas inattendu des larmes de crocodile que je ne m'explique pas du tout. Quant à moi, si j'ai à regretter cet événement douloureux, c'est que malheureusement nous n'en serons pas quittes à bon marché. Après les chroniqueurs, viendront les vaudevillistes, ceux surtout qui sont chargés des revues de fin d'année pour nos théâtres de guerre.

Je te parie une paire de bretelles ou une stalle à l'Odéon, à ton choix, que M. Clairville ne manquera pas de faire chanter par mademoiselle Silly un rondeau de cet acabit :

A SA NINI

*Air connu.*

C'est la galette du Gymnase
Que vous avez devant les yeux,
Je vais conter, sans périphrase,
Pourquoi je gémis en ces lieux :
Vers la fin de mil huit cent onze,
Je naquis en plein boulevard;
La poudre sonnait dans le bronze,
Il était midi moins un quart.
Et pauvre enfant je, etc., etc., etc., etc.

Le pari est tenu, n'est-ce pas?
Eh bien, nous en recauserons dans un mois.
Tout à toi.

---

# XXXVI

De la salle Herz, ce 6 octobre 1865.

Le beau chien aimé,

Je suis enfermé dans l'armoire des frères Davenport, et c'est de là que je t'écris ces quelques lignes insensées, tout ahuri encore de ce que j'ai vu, tout étonné de ce que j'ai entendu. Je ne serai ni long, ni diffus, je ne me risquerai pas sur quatre chemins, j'irai droit au but.

Il y avait, beau chien aimé, deux minutes à peine qu'un de ces saltimbanques m'avait entortillé, ficelé, emmailloté, lorsque l'ombre du grand Voltaire m'apparut et me tint à peu près ce langage :

— Mon cher Rossignol, je suis enchanté de vous rencontrer dans cette armoire; et, tout d'abord, donnez-moi donc des nouvelles de cet excellent Commerson, que je lis là-bas, avec tant de plaisir.

— Ombre du grand Voltaire, Commerson va bien.

— Tu es froid à mon égard?

— Veux-tu que je te saute au cou? Que me fait Voltaire, à moi? lui dois-je quelque chose, m'as-tu jamais fait sourire, m'as-tu jamais inspiré? Mais, malheureuse ombre, j'ai encore ta *Henriade* sur le cœur, et mon estomac n'a jamais pu digérer ni ta *Pucelle d'Orléans,* ni ton théâtre de carton. Je t'en prie, laisse-moi tranquille; du reste, je ne t'ai pas évoqué. Adresse-toi à M. Guizot ou à M. Ernest Blum.

— Rossignol, tu n'es pas aimable, tu me la fais au riz de veau. Du reste, tu es en ma puissance, parle. Comment mènes-tu l'existence?

— Ma vieille, viens demain à cinq heures au café Véron, et nous causerons à l'aise.

— Impossible; Nini serait là, ses grands yeux me feraient de l'effet, et puis Frédéric le Grand, un gêneur, que j'ai beaucoup aimé dans le temps, parce qu'il me protégeait, ne consentirait jamais à s'asseoir à ta table.

— Tu le lâcheras, tu l'enverras un moment s'abonner au *Figaro-Programme*; Jules Prével lui fera la causette.

— Non, mon trognon. Le café Véron, d'ailleurs, n'est-il pas le rendez-vous ordinaire des folliculaires qui crachent avec tant d'esprit et de facilité sur toutes nos gloires?

— Oui.

— Eh bien! je veux éviter leur rencontre. Je t'ai pris, toi, le plus modeste en même temps que le plus canaille de tous, je reste avec toi. Albert Wolff, Aurélien Scholl, Monselet, Bourdin, Rochefort, ne te vont pas, veux-tu que je te le dise? à la cheville.

— Merci bien; mais que désirez-vous?

— Parle-moi, Rossignol, comme tu parles chaque dimanche à ta Nini: appelle-moi idiot, si ça te fait plaisir, mais parle-moi.

Alors, Nini, j'ai parlé à M. Arouet de Voltaire en ces termes :

Joli gâteux,

Hier, j'ai assisté, en compagnie de Jules Janin et de Muraour, à la réouverture de l'Odéon, un théâtre qui te joue quelquefois devant trois municipaux, deux étudiants, un académicien et quinze voyous de la rue Mouffetard.

Grande ombre, tu aurais rougi si tu avais entendu comme moi de bons et vaillants artistes, Laute et madame Doche, entre autres, nous réciter une prose aussi atroce que celle de M. Rasetti. On a sifflé, c'était justice. Four complet. Un débutant, M. Arène, avait donné, comme lever de rideau, un petit acte bien modeste, mais que je préfère, et de beaucoup, au salmigondis du nommé Rasetti. C'est tout frais, tout pimpant, tout mignon, tout jeune, mais, en revanche, très-mal interprété.

Joli gâteux de Voltaire, ton visage ne m'inspire pas du tout, et si je continue, ce n'est que forcément. Veux-tu quelques *Rêveries d'un étameur*... Tu ne réponds pas?... Je les risque tout de même, et prends garde, car si ton vieux masque ne sourit pas, je te traîne au Vaudeville applaudir *les Deux Sœurs*.

∴

« Madame Brohan, du Vaudeville, était sans doute une excellente actrice, mais la réputation de ses deux filles éclipse la sienne. Les filles sont à 3,000 pieds au-dessus du niveau de la mère. »

∴

« Ma femme n'aime pas que je porte des gilets de flanelle; quand j'en porte, elle a toujours mon gilet de flanelle sur le cœur. »

∴

« Je n'aime pas à me trouver le soir rue Dauphine, tant j'ai peur que les passants croient que je vais à l'Odéon. »

∴

« Il est moins dangereux de voir l'épaule d'une jolie femme que d'aller visiter ceux de la terre. »

∴

« J'aime mieux voir revenir le printemps que les radis noirs. »

∴

« Si je cassais un carreau, j'aimerais mieux voir un vitrier que Frédérick Lemaître. »

∴

« Une femme sucrée n'est généralement pas douce (1). »

Ah! tu souris; n'est-ce pas que c'est un peu plus

(1) Ces quelques pensées sont de mon cher, vénéré et illustre maître Commerson. Que mes lecteurs ne s'y trompent pas.
J'ai pu cascader avec Voltaire, en me les appropriant dans l'armoire des frères Davenport, — avec eux jamais.   L. R.

amusant que *Tanis et Zaïde*, que *Zulime*, que *Mérope?* et nous ne sommes pas de l'Académie.

Voilà notre littérature, à nous autres, en 1865, voilà ce qui nous fait manger des écrevisses bordelaises chez Brébant, aimer des beautés peu farouches et nous habiller chez Dusautoy. Toi, de ton vivant, tu étais quelque peu drôle; des marquises apprenaient par cœur tes plaisanteries à l'eau de rose pour les réciter le soir à de jeunes abbés; nous autres, aujourd'hui, nous mettons, grâce à une ligne, grâce à un mot, tout le Paris maladif, le Paris à la mode, en révolution. Nous sommes plus forts que toi, plus vrais, — mordants avec esprit, méchants avec calcul. Écris donc dix lignes, invalide de la gaieté française, écris donc dix lignes au *Tintamarre*, au *Constitutionnel*, au *Nain Jaune* ou au *Figaro*. Nous rirons bien, alors.

Ah! tu reviens en ce monde pour me tâter; tu laisses Frédéric au contrôle, en train de causer avec des sergents de ville, et je ne te dirais pas ton fait, vieux polisson, tu. . . . . . . . . . . . . . . . . . . . . . . .

Je n'achevai pas, le chien aimé, car la main décharnée de Voltaire se posa sur la moustache que tu aimes tant à caresser, et il me répondit :

Mon fiston,

Je ne te comprends pas, mais je t'admire; tu es de ceux qui doivent vivre à tout jamais ainsi que moi. Continue à travailler pour Commerson et à payer des chemises de nuit et du beaune première à ta Nini. Que l'avenir te trouve, comme le présent, canaille, bohème, terrible lutteur, enfant gâté de l'immortel auteur de *Quatre femmes sur les bras.*

Pétrarque avait Laure; Gœthe, Bettina; Murger, Musette; Capsule Mothès, Fifine la Rigoleuse; garde, je t'en conjure, garde Nini.

Tu as été dur pour moi en terminant, tu as prétendu que j'étais incapable d'écrire une nouvelle à la main pour un journal comme le tien. En voici une, juge un peu si elle n'est pas frappée au bon coin.

Deux cabotins causent au café des Variétés :

— Que dis-tu de ce nouveau journal? fait le premier.

— Il est exécrable, répond le second. A propos, tu sais que X... vient d'en être nommé l'administrateur?

— Qu'est-ce que cela prouve?

— Beaucoup. Ce journal était tellement malade, qu'il a fallu l'administrer.

Et maintenant, au revoir, mon petit fiston, je te quitte à regret, mais traîne-moi donc un peu dans la boue les frères Davenport. Voilà un mois que ces deux pitres m'obligent à pincer de la guitare dans une armoire et à causer avec le premier venu, je ne la trouve pas limpide. Ça ne peut pas durer. Dis-leur dans ton journal que je vais m'adresser au ministère d'État et demander une augmentation, comme les musiciens de l'Opéra.

. . . . . . . . . . . . . . . . . . . .

Voilà, le beau chien aimé, le récit fidèle de ce qui m'est advenu dans l'armoire des frères Davenport. Depuis ce moment, je me sens tout chose; Voltaire, auquel j'ai dit son fait, Voltaire m'a jeté un sort, bien sûr, car je n'ai plus même la force de t'embrasser en pensée et avec la même tendresse que dimanche dernier.

Je cours chez son petit-fils, Edmond About, et de là au Panthéon, demander pardon à cette grande ombre.

## XXXVII

Paris, le 10 octobre 1865.

Beau bébé,

Je commence par le déclarer : je ne crains pas le nommé Choléra, et cela pour plusieurs raisons : je ne le connais pas, je ne l'ai jamais éreinté, je n'ai dit du mal de lui ni à Lamartine ni à Jules Moineau, ni à M. de Montalembert, ni à M. Louis Jourdan. S'il veut deux places pour aller voir *le Supplice d'une Femme*, je suis tout prêt à les demander pour lui à l'aimable et intelligent M. Thierry. Mais ce qui m'ennuie au suprême degré, ce qui fait mes nuits sans sommeil et mes après-déjeuners sans absinthe, ce sont ces affreux gêneurs, ces horribles gâteux, ces trembleurs idiots qui exagèrent un mal, une épidémie qui n'est encore, à l'heure actuelle, qu'à l'état d'embryon.

Ces imbéciles-là, je voudrais les voir fouetter sur nos places publiques et au coin de nos carrefours. Je voudrais les voir museler.

On constate quarante cas à Paris, nous sommes plusieurs centaines de mille et nous nous calfeutrons, nous nous couvrons de flanelle, nous emplissons nos poches de médicaments et nos gares de chemins de fer de colis! Nous ne pensons plus qu'à cela : en mangeant, en travaillant, en aimant, en buvant. Sapristi! le monsieur, qui dans un jour de démence, a prétendu que nous étions le peuple le plus brave et le plus spirituel de la terre, s'est bigrement trompé. S'il vit encore, qu'on lui retienne le cabanon le moins aéré de Bicêtre, et qu'on l'abonne à la *Gazette de France*!

Veux-tu savoir là-dessus mon sentiment?

Eh bien, ce sont les drames de d'Ennery et les pantalons collants de M. Laferrière qui sont cause de ça.

Supprime l'un et l'autre et tu m'en diras des nouvelles.

Je tiens la recette d'un interne de l'Hôtel-Dieu, un brave et digne garçon qui m'assure qu'avec un peu de patience, un peu de sang-froid, une vie bien réglée et un tout petit, tout petit changement de température, nous en serons quittes pour la peur.

Puisse-t-il dire vrai !

Et maintenant, je passe à des idées plus riantes.

Il y a bien longtemps, bien longtemps, mon cher petit ange, que je ne t'ai entretenue de mon théâtre favori, de mon cher Bobino. J'avais même promis à Commerson de ne plus t'en entrebâiller les becs de ma plume ; qu'il m'excuse et toi aussi, c'est plus fort que moi.

**On revient toujours à ses premières amours.**

— Bobino ! vous y allez encore, me disait hier X... un vaudevilliste des plus hupés et des plus à la mode.

— Certainement.

— J'y ai bien souffert, allez !

— Ah bah ! contez-moi donc la chose.

— Tu ne le voudrais pas.

Moi, pas bête, et comme il faisait sa poire d'Angleterre, je me suis adressé à un de ses confrères qui m'a raconté sur la case dramatique de M. Gaspari quelques détails assez curieux.

Si tu n'en veux pas, laisse-les ; ce bon Commerson s'en arrangera avec cet excellent M. Dubuisson, notre imprimeur ; — ça n'est pas ça qui nous empêchera d'être heureux en ménage.

Vers l'année 1615, une certaine Marie de Médicis,

qui aimait parfois à rire, fit ériger à ses frais la salle actuelle. Son architecte répondait au nom de Bobino.

Ce fut l'affaire de quelques mois.

La décoration fut confiée au sieur Rubens, et la pièce d'ouverture commandée à M. Clairville. — M. Coleuille était régisseur, et M. Ménissier contrôleur en chef.

Cette pièce d'ouverture, qui fit quelque bruit et qui était intitulée *la Vie de Napoléon*, manquait cependant de gaieté. L'auteur, M. Clairville, ci-dessus nommé, remplissait le rôle d'Hudson-Lowe.

Un critique de ce temps, M. de Biéville, perdit la raison à la fin du septième acte, et devint courtier d'annonces. Plus tard, il entra au journal *le Siècle*. Son arrière-petit-fils y est encore, si je ne m'abuse.

Mais franchissons quelques années.

Nous sommes en 1847.

C'était par une belle soirée de novembre, il pleuvait à torrents, — un lecteur du *Siècle* ne se serait certainement pas aventuré dans la rue de Madame.

Huit heures venaient de sonner à la mairie du 10e arrondissement.

Un jeune homme blond, un parapluie à la main, et de l'émotion plein le cœur, arrive au théâtre de Bobino :

— C'est là, dit-il, que mon avenir va se décider.

— Le nôtre, plutôt, car, si vous le voulez, si votre machine réussit, nous collaborerons.

— Je ne demande pas mieux.

Mes lecteurs ont déjà reconnu Alexandre Flan et Ernest Blum. Nous voilà loin de Marie de Médicis, de Clairville et de Rubens.

Après Alexandre Flan et Ernest Blum, Bobino a vu Henry Thierry, puis Saint-Aignan Choler, Jules Dornay et Xavier de Montépin.

Lambert Thiboust lui-même y a fait mâchonner sa prose, bégayer ses bons mots et hurler ses couplets.

N'y a-t-il pas là tout un enseignement pour nous autres et me reprochera-t-on de m'être arrêté un moment devant ce bouiboui qui vient de rouvrir et qui va disparaître demain, en vertu de la loi de 1841, sur l'expropriation pour cause d'utilité publique?

Adieu, ou plutôt au revoir, Bobino, mes amours, car, pas plus tard que demain, je me mets à la besogne, et j'écris toute ton histoire. Ça ne coûtera que 3 francs, chez l'éditeur Faure, mais ça sera lamentable, palpitant, grotesque.

M. Guizot s'est chargé de la préface et Gavarni des illustrations.

Habitants de la rive gauche, hurlez-vous-le !

Ma foi, j'en reviens au nommé Choléra, et avec d'autant plus de raison que je décachète à l'instant un journal de province, où le correspondant de Paris m'accuse, en termes du reste assez badins, de vouloir tailler des croupières au fléau.

Ce journal est intitulé *le Nouvelliste du Loiret* e

l'article est signé : Edmond de la Chauvinière; je connais un peu la prose de M. de la Chauvinière : je l'ai vue quelquefois errer dans les colonnes des petits journaux parisiens. Qu'elle me permette de lui dire qu'elle se trompe étrangement : je n'éreinte jamais personne, et encore moins un monsieur aussi peu commode que le nommé Choléra.

Et, comme je tiens à être agréable à mes lecteurs, je me sens tout heureux de leur offrir deux petites recettes, et en vers encore!

I

FORMULE POPULAIRE

Tiens ton ventre chaud,
Ménage.tes boyaux;
Ne va pas chez Aphrodite,
Du choléra tu seras quitte.

II

FORMULE TINTAMARRRESQUE,

Vois les poëtes de Montmartre,
Ne prends pas de crème de tartre,
Sois assidu près de Clara,
Lis souvent Muraour, Delord et cœtera,
C'est le plus sûr moyen d'avoir le choléra.

Mille bonnes choses pour toi toute seule.

## XXXVIII

Paris, le 19 octobre 1865.

Le beau chien aimé,

Quel temps affreux ! voici venir les marrons, les premières et les bals de l'Opéra, je me sens triste comme le bonnet de coton d'un académicien de la vieille roche, la veille du discours de Prévost-Paradol, l'homme de lettres que j'estime le plus après Victor Koning.

Voici l'hiver terne, brumeux, blafard, l'hiver sans glace, sans gelée, sans neige, sans soleil, avec son ciel noir, son macadam rougeâtre, son humidité malsaine, l'hiver de Paris, en trois mots !

Il en existe qui adorent ça, sous le prétexte fallacieux que les oncles, atteints de catharres, meurent dans cette saison-là avec infiniment de facilité et sans se faire prier ; que les drôlesses qui vivent des ignominies de la rampe sont plus recherchées et plus cascadeuses en novembre qu'en juillet ; il en existe enfin qui adorent l'hiver, parce qu'en hiver, si la pervenche est un mythe, la truffe est une réalité.

Moi qui ne suis pas comme les autres, je préfère la

saison des lilas et des roses. J'aime mieux entendre ta voix mélodieuse murmurer à mon oreille : Allons-nous manger une friture et boire de la pierre à fusil à Bougival, que d'entendre la même voix, le samedi soir, glapir au même organe : Tu sais pas, grand bébé, je vais à l'Opéra avec Fifine et son monsieur, n'est-ce pas que ça ne te contrarie pas ? Je serai là, à sept heures, demain ; travaille pour le *Tintamm...*

Ce vilain hiver, nous allons, pour peu que tu veuilles bien y mettre un peu de bonne volonté, le passer le plus gaiement du monde. La canaillerie bleu de ciel ne sera pas exclue de mon programme, que voici, du reste, et dans toute sa naïveté tintamarresque :

Entre les soussignés : M. Léon Rossignol, homme de lettres encore au biberon, et mademoiselle Nini, jeune hétaïre de la plus belle espérance, il a été convenu et arrêté ce qui suit :

ARTICLE PREMIER.

Durant tout le cours de l'hiver 1865-1866, les parties dénommées s'engagent :

1° A ne jamais aller, sous quelque prétexte que ce soit, au théâtre Déjazet ni au musée Hartekoff ;

2° A ne jamais prendre le thé chez M. de Banville, en compagnie de M. Viennet ou de M. Ingres, hommes de génie, mais par trop âgés et par trop mûrs pour l'éreintement ;

3° A ne pas acheter de bassinoire, ni *la Patrie ;*

4° A lire, jusqu'à plus soif, Rabelais, Murger, Musset et Aurélien Scholl, tous les soirs, de 9 à 10, et dans les bras l'un de l'autre ;

5° A allumer leur feu, tous les matins, avec le numéro du *Constitutionnel* du jour ;

6° A porter de la flanelle et leurs toquantes au clou, quand le besoin s'en fera sentir ;

7° A ne pas porter Barbey d'Aurevilly dans leurs cœurs, besoin qui ne se fait jamais sentir ;

8° A manger quelques huîtres et à cracher sur quelques gloires ;

9° A dire constamment et partout du mal de Gregory Ganesco et du bien de Commerson ;

10° A se laver leurs petits petons au moins une fois par mois.

ARTICLE DEUXIÈME.

Copie du présent sera adressée à M. Cochinat et à M. le secrétaire perpétuel de l'Académie des sciences morales et politiques.

. . . . . . . . . . . . .

. . . . . . . . . . . . .

Et voilà !

Serons-nous assez heureux !

De quoi ou de qui vais-je te parler maintenant? As-tu le dernier volume de Victor Hugo ?

Si oui, tant pis. Si non, tant mieux. — Je te défends d'y toucher.

Beau chien aimé, il est triste de l'avouer, mais les vieux s'en vont, et cette grande gloire qui répond au nom immense de Victor Hugo se livre à des cascades déplacées.

Comme four, je le crierai par-dessus tous les toits de la Chapelle et de la Villette, les *Chansons des rues et des bois* ne laissent rien à désirer. Elles sont, de l'aveu de tous, le volume le plus faible que Hugo, poëte, ait écrit. Cet homme, dont l'âme était pleine des frissonnements de l'Océan, des colères de l'humanité, des aspirations de l'avenir, a voulu se forcer, a voulu faire quelque chose de léger, d'érotique, de joyeux, un éclat de rire enfin, et il n'a mis au jour qu'une grimace.

Banville et Baudelaire doivent être contents : Victor Hugo vient de souffler sa bougie. Quant à Monselet, au bon Monselet, il doit bien rire dans la barbe qu'il n'a pas : le grand poëte a essayé de le pasticher.

Victorien Sardou a donné une pièce au Vaudeville, — je plains le Vaudeville, le public, les acteurs ; — c'est monstrueux, ennuyeux — c'est le commencement de la fin d'une réputation qui n'aurait jamais dû se produire.

Joséphine est retournée chez son oncle ; tu mangeras de l'oie dimanche, si tu viens ; mon chat se promène dans les gouttières de l'Institut ; enfin, j'ai commis hier soir la petite folie qui va suivre :

> C'était au sortir de Bullier,
> Trois mille cochers braillaient gare,
> Quand, au milieu de la bagarre,
> Un titi se mit à crier :
> Ces dames?... GARE *Saint-Lazare !*

Si tu veux une nouvelle à la main pour terminer cette lettre trop courte, mais assez longue cependant pour attirer sur moi la colère et les malédictions de mes idiots de lecteurs, écoute, la voici. Je n'en autorise la reproduction à aucun prix :

Deux amis dînent chez Brébant ; cela se voit tous les jours, mais ce qui ne s'entend pas tous les jours, c'est ceci :

— Garçon, des sardines et du beurre. Tu vas bien, du reste, mon vieux ?

— Pas trop, je suis marié.

— Bonne affaire !

— Pas trop, ma femme est horrible.

— Alors, mauvaise affaire !

— Pas trop, elle m'a apporté cent mille francs de dot.

— Cela a dû te consoler ?

— Pas trop, car j'ai voulu me lancer dans les spéculations ; j'ai acheté dernièrement tous les moutons du Calvados.

— Bonne affaire !
— Pas trop, l'épizootie me les a tous enlevés.
— Mauvaise affaire !
— Pas trop, car en vendant toutes les peaux, j'ai encore trouvé le moyen d'acheter une maison superbe.
— Bonne affaire !
— Pas trop, elle a brûlé.
— Ah ! pour le coup, mauvaise affaire !
— Pas trop, ma femme a brûlé avec ma maison.
— Quel veinard !...

A dimanche, sous les arcades de l'Odéon, le beau chien aimé, nous irons déjeuner au café Molière.

En attendant, dix millions de baisers.

## XXXIX

Paris, 20 novembre 1865.

Le beau chien aimé,

Plusieurs journaux, *l'Indépendance belge* entre

autres, ont annoncé que je quittais *le Tintamarre*, et que Commerson m'avait, avec quelque ménagement, prié d'aller porter ailleurs cette verve exhilarante, échevelée, rabelaisienne, régence, qui fait ton bonheur et celui des dix mille familles honnêtes et idiotes qui me dévorent tous les dimanches.

Ce bruit est une canaillerie de plus à ajouter à toutes les turpitudes et à toutes les bassesses de ce siècle gangrené par des folliculaires sans vergogne.

Moi, quitter ce doux nid de verdure, ce vieillard si beau sous ses longs cheveux de neige qui répond au nom de Commerson et à toutes les attaques de Sainte-Beuve; cet homme de génie compris de M. Eugène Déjazet et de sa fruitière; moi le quitter à l'époque de mon terme et de la réouverture de l'Odéon, jamais, jamais! Et puis, que deviendrais-tu, petite folle ; où tes petites dents trouveraient-elles à becqueter et ta vertu à cascader?

Messieurs, vous m'avez cruellement fait souffrir, souffrez que je vous le dise. Si je n'ai pas écrit dans le dernier numéro, c'est que je voulais plonger Commerson dans l'embarras, lui arracher quelques pleurs et obtenir de sa générosité très-connue une légère augmentation.

Ça y est.

De trois mille francs par mois, mes modestes appointements sont portés à cinq mille.

Mon rédacteur en chef n'est pas très-satisfait. Je

lui ai tenu la dragée haute, qu'il ne m'en veuille pas ;
— c'est pour Nini et sa famille.

Maintenant, le beau chien aimé, je suis à toi.

Sais-tu que tu es diantrement distraite, que tu ne tiens aucun compte de mes observations, que tu m'agaces le système! Tu as encore laissé traîner sur ma table de nuit, à côté de ta fausse natte, les vers suivants plus faux encore. — J'aime pas ça, sapristi ! car qu'est-ce que cela veut dire :

> Je te bénis, ô mon poëte,
> Car c'est son rêve, à ta Nini,
> D'aller licher chez Tortoni
> A l'heure où Villemain s'embête;

> Mais, si tu m'en crois, mon amour,
> Ne me lis rien de Noriac Jules,
> De Lespès ou de Muraour,
> Echangeant des coups ridicules.

Je le répète, qu'est-ce que cela veut dire, et pourquoi m'appeler ton poëte ? Cette querelle, à laquelle tu fais allusion, je m'en moque comme de ma première paire de bottines. Cependant, grâce à elle, j'ai lu le livre intitulé *Haïcks et Burnous*, qui a mis le feu aux poudres. Je suis heureux de lui faire, en passant, une petite réclame, bien que je ne connaisse son auteur en aucune façon — c'est un écrivain plein d'harmonie et de pittoresque, ce M. de Lyvron, et, je t'en supplie, lis-le, pour mille et une raisons.

Mais, tu es lettrée, et peut-être l'as-tu déjà dévoré, comme tu dévores les soles normandes de Brébant lorsqu'elles sont réussies. Tant mieux, car tu dois posséder maintenant sur l'amour des idées qui te manquaient pour sûr. Tu as vu, par exemple, la bien-aimée galopant à cheval avec le bien-aimé, et, dans son ivresse voluptueuse, le priant de lui enfoncer son long poignard dans le cœur. Voilà qui est bien, voilà une preuve d'amour que tu devrais me demander un de ces jours, au lieu de me tourmenter avec tes matelottes de Bougival et ton petit bleu d'Asnières-Gaouville. Quinze centimes de repassage à mon couteau suffiraient pour cette merveilleuse action, au lieu que tout l'or dont Commerson remplit mon escarcelle s'en va, chaque dimanche, dans des plaisirs canailles, indignes d'un homme de lettres de ma trempe, énervants, sans cachet, sans caractère. — Passons.

On cause toujours un peu du nommé Choléra, mais le pauvre homme n'en a pas pour longtemps, et je ris bien en songeant aux trois hommes de lettres réfugiés à Versailles. D'Ennery, Alphonse Royer, Edmond Texier, sont là logés en garni, à l'hôtel du Réservoir ; tous les jours ils s'y réunissent, y échangent leurs recettes contre le fléau et tremblent.

En arrivant, leur première visite a été pour Émile Deschamps. L'illustre ermite de la Thébaïde versaillaise était tranquillement en train de piétiner sur Capsule Mothès et Banville, en compagnie d'un de ses amis, lorsque sa gouvernante lui annonça les trois peureuses célébrités.

— Maître, dit Alphonse Royer, après le serrement de main obligé, devinez combinez combien de cas aujourd'hui à Paris?

— Je l'ignore, mais je le saurai ce soir; je pars par le train de six heures.

— Quelle imprudence!

— La vôtre est plus grande encore, messieurs. A Paris, vous aviez une chance contre dix mille de mourir du choléra; ici, il ne vous atteindra pas, mais vous y périrez d'ennui. La sagesse des nations appelle cela changer son cheval borgne contre un aveugle.

Ce n'est pas mal, n'est-ce pas, le beau chien aimé, pour un homme qui a aligné tant d'alexandrins?

Samedi dernier, nos trembleurs eurent une alerte.

Henri Rochefort vint les voir.

On le fit attendre dix minutes, on l'obligea à se laver les mains et la figure dans une solution de chlore, de camphre et de rhum, et ce n'est que les fenêtres toutes grandes ouvertes que d'Ennery consentit à l'écouter et à deux mètres de distance encore.

Alphonse Royer et l'immortel auteur de *la Grâce de Dieu* étaient vêtus de costumes étranges : perruques poudrées, habits en velours nacarat pailletés d'or, hauts-de-chausses collants et souliers à bouffettes.

Tous trois viennent d'achever cinq actes qu'ils destinent à l'Odéon. Le titre serait : *La Pièce d'eau des Suisses.*

Attendons. Si j'en crois le garçon d'hôtel duquel je tiens ces renseignements, que je suis heureux de livrer à la publicité en te les insinuant, la chose serait un chef-d'œuvre. — Il y a surtout au troisième acte une tirade contre le choléra qui ne peut manquer de produire son effet, m'a ajouté cet indiscret bonhomme de l'hôtel du Réservoir.

Je le veux bien, je ne m'y oppose pas.

Mais quel effet?

Dans une de mes dernières missives, je t'ai parlé assez longuement de M. Antony de Menou. J'apprends sa mort à l'instant. Écoute, à ce sujet, ce qu'a dit Jules Vallès dans son feuilleton de *l'Époque* :

« J'arrive de Londres pour apprendre la mort d'Antony de Menou.

» J'ai fait de son vivant son oraison funèbre, et je ne dirai rien sur sa tombe. Je lis dans *la Gazette des Étrangers* un article éloquent de M. Maillard, qui est l'histoire vraie de cette âme. Antony de Menou se crut un aigle : c'était simplement un paon rongé par un vautour.

» Ceux qui blâmèrent son charlatanisme après que la charité lui eut fait un nom, firent leur devoir, comme j'avais fait le mien en appelant sur ce malheureux l'attention publique. S'il y eut des imprudents, il faut aller les chercher parmi ceux qui encouragèrent son orgueil au lieu de consoler simplement sa misère : je lui disais, moi, qu'il n'avait pas de talent, le lendemain même du jour où j'écrivais qu'il était mourant. Il est mort, mais encore trop tard. »

Je n'ai rien à ajouter.

Avant de terminer, le beau chien aimé, je veux te faire une recommandation très-sage; si tu veux prendre en dégoût le théâtre, vas aux Folies-Dramatiques. Je sors de cette boîte, et j'en suis encore tout ahuri. J'ai vu jouer deux actes des *Blanchisseuses de fin*. C'est tout simplement le dernier mot de l'abrutissement dramatique.

Quelle pièce, mon Dieu! quels interprètes, quels décors! Je ne crois pas qu'il soit possible de pousser plus loin l'oubli des convenances et du respect qu'on doit au public. Il y a là dedans une actrice (mérite-t-elle cette qualification!), mademoiselle Hortense Neveu, qui ne joue la comédie que pour sa couturière et les gandins idiots des avant-scènes. On ne saisit pas un mot de son rôle, qu'elle mâchonne avec une insouciance et un laisser-aller incroyables. Je m'étonne qu'un directeur engage une demoiselle pour si peu ; sa place n'est pas sur les planches d'un théâtre, sapristi!

J'ai dit.

A dimanche prochain, le beau chien aimé, je t'embrasse aussi fort que je t'aime, ce qui doit te faire bien mal.

## XL

Aï en Champagne, le 26 novembre 1865.

Idole de mon âme,

C'est moi qui ne suis pas commodément pour écrire, c'est moi qui suis content, nonobstant. Figure-toi, ma petite chatte, que c'est à vingt-cinq lieues de Paris, en pleine Champagne, dans la hutte d'un charbonnier, avec mon fusil, son chien, le mien, et la femme dudit charbonnier pour toute distraction et pour tout stimulant que je commence cette lettre. On ne dira certes pas que je suis influencé par l'air vicié du boulevard ; mes ennemis les plus acharnés ne rôdent pas aux alentours; ces petites dames, mon cauchemar éternel, ne trouveraient ici à qui parler, et sauf quelque chevreuil amoureux ou quelque sanglier, bon père de famille, qui pourraient bien me demander une petite réclame, s'ils savaient un journaliste aussi près d'eux, je suis plus libre que ne l'était, il y a deux heures, le faisan que mon plomb stupide a fait tomber entre les mailles de mon carnier.

Mais quelqu'un se dresse devant moi, et ce quelqu'un répond au nom de Commerson. Il me rappelle à mon devoir, me fait oublier pour quelques instants les grands arbres de la forêt, les jappements de mon chien, les ronces du chemin, les clairières, les ravins, le vent, la pluie, le grand air, l'odeur de la poudre. Il me faut revenir à Paris et laisser là cette bonne et splendide nature, dont mes faibles poumons n'ont qu'à se féliciter.

Soit.

J'y suis, et que ça ne traine pas.

Qu'ai-je laissé à Paris ?

Le choléra à son dernier soupir, et les revues de fin d'année essayant timidement de pousser leurs premières notes.

Causons donc de ces dernières ; j'abandonne l'éreintement du choléra à Albert Wolff.

Je demande carrément qu'on en finisse avec ces turpitudes-là, je trouve que c'est insulter au bon sens du public parisien que de lui exhiber chaque année, et les mêmes rondeaux, et les mêmes mollets et les mêmes trucs. Cela frise la spéculation, la spéculation honteuse même, car les auteurs et les directeurs n'ont plus qu'un but : attirer dans leurs fauteuils d'orchestre et dans leurs avant-scènes le plus de jobards possible. Que le comique soit drôle, que la jeune première dise bien, que l'actrice principale chante convenablement un rondeau, peu importe ! A chaque scène, il faut, quand même, quitte à fausser la situation, à abrutir les masses, à faire rougir un lecteur du *Siècle* ou du *Constitutionnel*, il faut que le bataillon paraisse, que les nudités produisent leur effet, que la honte y gagne !

C'est triste, — donc, à bas les revues de fin d'années, aussi bien aux Variétés qu'à Bobino, à Saint-Pierre qu'au théâtre impérial du Châtelet. Ces petites dames du Casino, de la rue Bréda, ces filles de portier enfarinées, ces prêtresses de Mabille, ces buveuses de Champagne, ces mangeuses de palissandre et de soie, peuvent seules y trouver du profit. Madame Renée de Navery, une femme du monde, ne le leur a pas mâché :

> En dansant leur esprit calcule,
> Sans pudeur, comme sans scrupule ;
> Vous croyez que la tarentule
> Piqua leurs talons gracieux ?...
> Détrompez-vous. Chacune pense
> Combien peut faire de dépense
> Cet homme chauve à large panse
> Qui les déshabille des yeux.

Eugène, Eugène Déjazet, je t'en supplie, n'écoute pas de Jallais, ne joue pas sa revue, songe que l'art est dans le marasme et qu'il serait beau à toi de le retirer de ce bourbier infect pour le replacer sur les hauteurs vertigineuses où ta maman l'a laissé en 1830.

Déjazet, quel nom ! quelle splendeur !

Au collége, en huitième, j'en avais entendu parler, entre un passage du *de Viris* et une dictée. Je m'étais bien promis d'aller l'entendre un jour, et ce jour a lui.

Eh bien! non, mille fois non! Si la dame à la voix chevrotante, au geste étudié, aux grimaces mièvres qui remplissait le rôle de M. de Belle-Isle, vendredi, dans une petite boite à côté du passage Vendôme, non loin de chez Robin, à quelques centaines de mètres du Temple, est la célèbre Virginie Déjazet, la toquade de mon oncle, je veux perdre mon nom.

Assez, assez, madame! Ni les bravos de la claque, ni les entrefilets d'Émile Abraham, ni les bouquets de votre fiston, ni la présence de Victorien Sardou et d'Offenbach à votre réapparition ne me feront croire à la résurrection de votre talent. Vous êtes mûre pour l'éreintement, j'ai le courage de le dire franchement, je n'entortille pas mes phrases de compresses à l'eau-de-vie camphrée, comme certains de mes confrères, pour vous supplier de ne plus fouler les planches d'un théâtre. — Retirez-vous, il en est temps encore. Les cheveux blancs et les abats-jour verts vous vont mieux, croyez-moi, que la perruque poudrée et le tricorne de M. de Belle-Isle; vos mains sont plus aptes à tricoter une paire de bas qu'à manier une épée de gentilhomme. Les vrais amis de l'art aimeraient mieux, j'en suis certain, vous contempler dans votre retraite, au coin de votre feu, que de vous voir pâle, tremblante, émue, le soir d'une première de M. Jaime fils, gourmandant votre habilleuse et priant Eugène de bien soigner votre entrée et de ne pas oublier le service du journal *l'Orchestre*.

Sachez vieillir.

Quelqu'un qui a su vieillir, si j'en crois les grands journaux à trois sous, sur lesquels une masse incalculable d'abrutis, roupillent chaque soir, c'est M. Bossange, libraire éditeur, mort à l'âge de 101 ans et 9 mois. En voilà un qui n'a pas dû éditer les biographies de Mirecourt et les ordures de mademoiselle X... En voilà un qui ne serait pas venu trouver Paulin Limayrac à son petit lever pour lui dire : Ma vieille, y sommes-nous? Une bonne brochure demain sur l'influence du caoutchouc durci en matière politique.

Bossange, tu n'es plus, tu es glacé à l'heure où j'écris ces lignes ; eh bien reçois mes sincères félicitations ; comme éditeur âgé, la littérature contemporaine n'a rien à te reprocher. Si ma blanchisseuse n'avait pas porté mes faux-cols à M. de La Rounat, je t'aurais composé une épitaphe anticipée.

A dimanche prochain ; rien ne me gêne comme l'absence de linge blanc.

Malgré moi, je suis obligé de revenir à ces dames

> Qui jettent leurs chapeaux aux branches
> Et relèvent, de leurs mains blanches,
> Leurs fins jupons jusques aux hanches,
> Et quelquefois plus haut encor.

Je les ai vues dimanche tout le long, le long du faubourg Antoine, se dirigeant vers les courses de Vincennes.

Un beau voyou, tout ce qu'il y a de plus réussi, les regardait passer ainsi que moi :

— Tiens, s'est-il écrié en apercevant une drôlesse couverte de velours et de soie, ma sœur Nastasie! En vl'à une à laquelle papa tremperait une jolie soupe, si elle venait lui demander à becqueter demain !

Dire que Nastasie répondait le soir même à un septième quart d'agent de change : Voyez-vous, Octave, tant que je n'aurai pas un attelage comme celui de Berthe, mes amis ne vous appelleront que pignouf... Fichez-moi la paix.

Et vous voulez que ceux qui tiennent une plume honnête et indépendante ne flétrissent pas ces créatures-là !

Allons donc !

En voilà assez pour aujourd'hui, tu dois me trouver bien grincheux, je vais faire un tour avant le coucher du soleil, puis je gagnerai le chemin de fer.

Je n'ai donc que le temps de t'embrasser de tout mon cœur, comme je t'aime.

## XLI

Paris, le 30 novembre 1865.

Beau bébé,

Voici une petite pièce de poésie que j'ai composée dimanche soir, après ton départ. Permets-moi de te la transcrire ici en commençant :

### SI J'AVAIS TROIS FRANCS CINQUANTE

BOUTADE D'UN BOHÈME

Si j'avais trois francs cinquante,
Au journal l'*Evénement*
J'aurais un abonnement
En commun avec ma tante ;
Mais au *Journal des Débats*
Je ne l'abonnerais pas,
Si j'avais trois francs cinquante.

Si j'avais trois francs cinquante,
Je courrais à Bobino
Bien qu'il faille passer l'eau ;
J'irais où Thérésa chante,
Mais je fuirais le guichet
Du théâtre Déjazet,
Si j'avais trois francs cinquante.

Si j'avais trois francs cinquante,
Je me paierais chaque soir
*Les Caprices de Boudoir*,
Pour faire à Renaud sa rente,
Mais laisserais chez Dentu
*Les Compagnons de Jéhu*,
Si j'avais trois francs cinquante.

Si j'avais trois francs cinquante,
Avec Nini, chez Bignon,
D'un bon potage à l'oignon,
De ceux que Monselet vante,
Carrément je souperais
Et me gaudirais après,
Si j'avais trois francs cinquante.

Que dis-tu de cela ?

Maintenant, chroniquons :

L'histoire des frères de Goncourt sifflés dans la maison de Molière, ne laisse pas que d'être intéressante. Ces deux frères Lyonnet n'ont pas eu de veine, et, à l'heure qu'il est, ils doivent rire jaune.

Si je n'ai pas vu jouer *Henriette Maréchal*, ce drame insensé, du moins je l'ai lu et lu avec attention. D'un bout à l'autre, c'est absurde, c'est navrant, écœurant, et j'en suis encore à me demander si c'est à la suite d'un pari que M. Edouard Thierry, un homme intelligent cependant, s'est décidé à jouer la pièce, ou bien si son intention a été d'être agréable au nommé Pipe-en-Bois, en le mettant à même de montrer ses petits talents de société devant les sociétaires du Théâtre-Français.

Pipe-en-Bois, la nouvelle célébrité du jour, me paraît un rude jouteur, qui ne badine pas avec les tendances littéraires de notre époque. Le voilà posé, il peut y aller de son petit journal, il est sûr de son affaire ; ça se vendra.

Heureux Pipe-en-Bois, malheureux frères de Goncourt !

* * *

Les cocottes ont de ces mots impossibles, inouis, devant la naïveté desquels je me prosterne avec admiration.

C'était à l'Ambigu, la jeune X... des Folies-Dramatiques se pavanait dans une avant-scène en compagnie de plusieurs crétins, tous gandins, et plus bêtes les uns que les autres, par conséquent.

L'ouvreuse, en apportant *le Figaro-Programme*, avait oublié de fermer la porte.

— Dites-donc, mon petit Alfred, fait mademoiselle X..... en minaudant, fermez-moi donc ça, je n'aime pas les portes *en train de bâiller.*

L'aimable enfant voulait dire *entre-bâillée* ; mais que voulez-vous, on n'est pas parfaite.

* *

— Sais-tu, faisait hier soir au Casino et entre deux sodas, Adèle dite Catinka à Henriette dite la Belle-Ecumoire, sais-tu que les hommes sont veinards.... tout pour eux !... Ainsi, regarde un peu les députés, quelle chance ils ont : de beaux appointements et six mois de congé.

— C'est vrai.

— Pourquoi les femmes ne seraient-elles pas nommées députés aussi?

— Y penses-tu, ma chère, que deviendrions-nous. Tu ne sais donc pas que les députés sont inviolables.

Il y a de cela quelques années :

Le boursier X....., l'homme le plus riche, mais le plus connu pour sa paillardise, allait rendre le dernier soupir.

Son neveu arrive en toute hâte de Nice pour le voir une dernière fois.

— Savez-vous, demande-t-il au valet de chambre, si mon oncle a encore sa connaissance?

— Certainement, monsieur, ils sont même ensemble depuis ce matin.

Voici les revues qui paraissent à l'horizon avec leurs nuages de poudre de riz, leurs rondeaux, leurs couplets, leur petites dames court-vêtues, leurs calembours retapés et archi-retapés.

En général, ce qu'on admire le plus dans ces machines-là, ce sont les cocottes d'abord, les costumes ensuite et enfin les décors. Le Théatre-Impérial du Châtelet a ouvert la marche et fait les choses en grand seigneur, — succès d'auteurs, d'acteurs et de machinistes, en voilà pour trois grands mois. Victor Koning n'aura pas à signer des billets de faveur d'ici la fin de février.

Que de bons petits ennemis, que de bonnes petites haines vont s'amonceler sur sa tête!

Oh! les grandeurs, ne m'en parlez pas.

Après la revue du Châtelet, nous aurons celles des Folies-Marigny, de Bobino et enfin la revue d'Eugène, d'Eugène Déjazet.

Ce rutilant impressario, ce compositeur brillant qui fait tourner le macaroni du maestro Rossini, ce directeur modèle, cet homme intègre qui paye trois fois sa valeur le plus petit acte joué sur son théatre, n'en dort pas.

Depuis sept heures du matin jusqu'à cinq heures du soir, il est là, sur les planches, gourmandant ses artistes, les bassinant. Il veut sauver l'art dramatique, il veut que son bataillon de cocottes enfonce ceux de ses confrères, il croit à sa mission. Eugène a grandi de cent coudées aux yeux d'Amédée de Jallais, mais il a maigri de cent bonnes livres aux yeux de sa femme de ménage, qui le pèse tous les matins avant de lui donner son chocolat.

J'espère que Pipe-en-Bois prendra tout cela en considération le soir de la première, et qu'il se gardera bien d'égayer la petite boîte du passage Vendôme.

Eugène n'en reviendrait pas.

En bouquinant l'autre jour devant l'Institut, j'ai eu le bonheur de trouver une brochure du docteur Aug. Mercier, qui vaut son pesant d'or pour les bibliophiles. Cette brochure sur la maladie de J.-J. Rousseau, sur l'influence que cette maladie a eue sur son caractère et ses écrits, est des plus intéressantes. L'habile praticien y raconte la vie du célèbre écrivain, le suit pas à pas, analyse chacun de ses actes et réduit à néant toutes les accusations ignobles et stupides des misérables qui n'ont pas craint de s'attaquer à cette grande gloire.

Si le hasard me fait retrouver deux exemplaires, j'en adresse un à M. Janicot et l'autre à M. de Riancey. Je suis sûr que ça ne leur fera pas plaisir.

Au revoir, beau bébé, je t'embrasse à pincette.

## XLII

Paris, le 6 décembre 1865.

Chère enfant,

Voilà huit grands jours, huit nuits affreuses que mon pauvre corps se trouve enfermé entre deux draps.

trois couvertures, deux matelas, un lit de plume et un sommier élastique. Ces objets de literie sont loin de me procurer la douce gaieté nécessaire à tout chroniqueur jaloux de remplir consciencieusement son devoir; — si j'étais du *grand format*, je dirais son métier.

Et plains mon malheur, j'en ai comme ça encore pour un joli mois, — heureusement que ce n'est pas celui des roses, sans cela je me suicidais *illico* ou je m'abonnais au journal *la Gazette de France*, ce qui est absolument la même chose.

Je ne m'amuse pas du tout, je vois tout en noir et ne suis heureux que lorsque je reçois la visite d'amis sincères et dévoués. Chez moi, c'est une vraie procession, et mon propriétaire m'a engagé ce matin à adresser une pétition à M. le préfet de police pour obtenir de sa bienveillance deux municipaux pour maintenir l'ordre à ma porte.

Je n'ai pas assez d'influence pour cela; et, d'ailleurs, accéderais-je à ce désir, que *l'Indépendance belge* ne manquerait pas d'affirmer que je suis vendu au gouvernement et que si je dis quelquefois du bien des embellissements de Paris, ce n'est que pour jouir, à un moment donné, de semblables faveurs.

La première visite que j'ai reçue, ça été celle du médecin du *Tintamarre*. Commerson l'envoyait voir si je ne le trompais pas, si je n'esquivais pas le supplice atroce de la copie sous le prétexte d'une maladie imaginaire.

Le médecin a hoché la tête en me voyant, s'est informé du sujet de ma maladie de la façon la plus brutale, et m'a consolé par ces bienveillantes paroles : « A votre âge !… mais vous en avez comme cela pour six semaines ! » Ce qui voulait dire : Vous êtes fichu.

J'avais cependant entendu dire qu'un médecin au chevet d'un malade, fût-il vingt fois plus décoré que Ricord, devait se montrer doux, compatissant, humble comme une sœur de charité.

Encore une illusion perdue !

Deux heures après, mon bon Commerson débarquait chez moi la figure bouleversée. Je parierais qu'en route il avait déjà préparé mon oraison funèbre. Il me trouva attablé devant les restes d'un très-bon déjeuner, car ma maladie n'est pas de celles pour lesquelles on prescrit une diète sévère. J'achevais une délicieuse salade de pissenlits.

Après m'avoir serré la main, la larme à l'œil, telle fut sa première parole, à ce gracieux vieillard :

— Allons, je suis content ! *(montrant les pissenlits)*, je vois avec plaisir que vous ne les mangez pas encore par la racine.

— Non, cher maître. Et la preuve, c'est qu'aujourd'hui je pense un peu à vous et beaucoup à mon cher *Tintamarre;* je veux pondre quelques lignes de copie comme aux beaux jours d'autrefois, d'hier, alors que je pouvais librement dîner avec vous dans un petit coin retiré, causant de celui-ci, de celle-là, écoutant vos remontrances, profitant de votre expérience, de vos trente-huit années de journalisme. Ces jours-là, je dois l'avouer, ma prose avait plus de chien, mes attaques étaient plus justes, mes sympathies plus légitimes. Vous venez de passer deux heures à mon chevet, je me sens plus gaillard.

En avant! — Écoute bien, ma bonne Nini.

Mademoiselle Léonide Leblanc, une jeune fille à laquelle jamais rien n'a manqué, excepté la couronne de rosière et l'estime de son concierge, mademoiselle Léonide Leblanc vient d'acheter sur ses économies un petit hôtel sur le boulevard Haussmann. Pour donner le temps aux plâtres de sécher, elle se rend, ajoutent vingt journaux, en Egypte.

Que va faire l'aimable enfant en Egypte?

S'occupera-t-elle du percement de l'isthme de Suez?

Ira-t-elle demander au vice-roi une lettre de recommandation pour Eugène Déjazet?

Donnera-t-elle là-bas un concert au profit des pèlerins de la Mecque?

Y fera-t-elle une conférence sur l'influence que peut avoir sur le moral d'une faible femme la vue d'un mobilier en palissandre, avec un gros monsieur chauve dans le fond du paysage?

En un mot, s'exile-t-elle, la douce colombe, forcément par amour de l'art ou de la belle nature?

Non, je connais son dada.

Léonide Leblanc va tout simplement en Egypte à la recherche des sources du Nil et de quelques daims moins sauvages et mieux calés que ceux qui broutent chaque soir dans les cabinets du café Anglais.

Somme toute, elle n'est pas à blâmer. Sa mission est une mission scientifique. Et puis, elle partie, voyez quelle chance, c'est une de moins.

M. Victorien Sardou veut être de l'Académie, il n'y a pas à dire, il veut en être.

Quelle monstruosité! Vraiment je m'y perds, je n'y comprends plus rien. — *Oùs qu'est mon fusil?*

Eh quoi, parce que le succès vous a souri pendant quatre ou cinq ans, parce que votre nom est vénéré du commun de la foule des imbéciles qui ne se donnent pas la peine de penser ce qu'est un homme avant de le porter aux nues, parce que vous savez profiter d'une nouvelle d'Edgar Poë et en extraire cinq actes, parce que Déjazet a chanté cent fois *Monsieur Garat* et cent cinquante fois *les Prés Saint-Gervais*, vous prétendez à l'honneur insigne de franchir le seuil que n'ont franchi ni Molière ni Béranger, ni Proudhon, ni Balzac, ni tant d'autres.

Vous croyez-vous donc le seul aujourd'hui, l'unique? — cela fait pitié!

Barrière qui est lui, Barrière, l'honnête et consciencieux écrivain, au talent si original, si vrai, ne vous surpasse-t-il pas de mille coudées?

Lambert Thiboust, Varin, Plouvier, Victor Séjour, Alexandre Dumas fils, Labiche, d'Ennery, Anicet et même Siraudin, ont remporté des victoires bien autres que les vôtres, et, cependant, cette idée ne leur serait jamais venue.

Vous, vous ne doutez de rien, — le succès vous grise, gare demain! Vos couronnes de roses seront flétries peut-être, et madame La Ressource ne vous en offrira pas dix sous.

Ça sera pain béni.

Un dernier trait et qui prouvera jusqu'où peut aller l'esprit inventif et primesautier de M. Victor Sardou, lorsqu'il s'agit de ses chères espérances académiques.

L'illustre auteur de la *Taverne des Etudiants*, assure le journal *les Nouvelles*, est allé rendre visite à M. Jules Janin, à Passy. — Il paraît, a dit l'éminent critique, que vous vous présentez à l'Académie Française?

— Je ne poserai ma candidature, a répondu Victorien Sardou, que lorsque vous pourrez me donner votre voix.

Ces quelques mots échangés entre ces deux grandes gloires me rappellent ceux-ci :

— Entrez donc.

— Après vous.

— Je vous en prie.

— Je n'en ferai rien....

Et finalement, les coups de poing pleuvent pour savoir lequel des deux entrera le premier.

※
※ ※

Une actrice des Variétés, mademoiselle X..., a quarante ans bien sonnés et un grand gaillard de fils, qui ne tardera pas à plonger la main dans le sac.

Hier soir, au foyer, mademoiselle X... paraissait inquiète. Siraudin, pour lequel elle n'a rien de caché, l'interroge avec la bonté d'un père.

— Voyons, qu'avez-vous?

— Hélas, voilà le moment où mon cher Alfred va tirer au sort; s'il tombe, je ne m'en consolerai jamais, car je n'ai pas de quoi lui racheter un homme.

— Tranquillisez-vous, ma chère : le fils d'une femme comme vous, ça ne peut amener qu'un gros numéro.

Là dessus, parfum de la nature, je t'embrasse tout plein, tout plein et puis encore.

## XLIII

Paris, 16 décembre 1865.

Le beau chien aimé,

Non, je ne le veux pas.

Tu n'iras pas samedi prochain au bal de l'Opéra. Eh! quoi, pendant que je m'abreuve de tisanes, pendant que, le corps enveloppé dans de la flanelle, je songe à toutes les misères et à toutes les vicissitudes de ce bas monde, tu irais, toi, en pierrette, en bébé, faire vis-à-vis au premier garçon coiffeur venu, et vider, entre cinq et six heures du matin, chez Brébant, plusieurs flacons de la veuve Cliquot? Tu mangerais des écrevisses bordelaises, tu écouterais les fadeurs d'un monsieur au col cassé, tu chanterais *la Femme à barbe*, tandis que je lirais sur un lit de douleur quelque roman de Ponson du Terrail ? — Allons donc, c'est impossible, ma chère enfant. Pas de gaieté quand je suis triste, pas de cancan quand j'ai de la peine à remuer mes maigres tibias; pas de champagne, pas de chambertin, pas de truffes, quand le docteur me condamne à la diète et au repos le plus absolu. Si tu veux te récréer un instant, tu n'as qu'à me faire signe; je t'enverrai à l'Odéon ou à la salle Saint-

Pierre ; — avec quarante sous tu en verras, ou plutôt j'en verrai la farce.

Franchement, espoir de ma vieillesse, est-ce donc bien amusant, le bal de l'Opéra? Pour moi, j'avoue que je n'ai jamais compris cette rage qui pousse l'élite de mes concitoyens à se faire bousculer, tutoyer, engueuler, le corps emprisonné dans un habit trop étroit, chaque samedi, dans les couloirs ou dans le foyer de l'Opéra.

On arrive là tout frais, tout mignon, tout pimpant, bien brossé, plein d'illusions, et l'on s'en retourne couvert de poussière, harassé, avec sa blanchisseuse ou la fille de sa concierge au bras (supercherie dont on ne s'aperçoit qu'au moment de la *douloureuse*), et l'on rentre chez soi avec cinq louis de moins dans son porte-monnaie, quelquefois avec un œil au beurre noir, un mal de tête atroce, et, malgré cela, avec l'envie de recommencer le samedi suivant.

Les habitants de cette bonne ville de Paris sont réellement de jolis idiots ; et je mets en fait que, si le sauvage le plus sauvage des environs de Tombouctou débarquait, un samedi soir, dans la salle de la rue Le Peletier, au moment *où la folie agite ses grelots*, il regagnerait sa patrie *illico*, emportant avec lui une bien triste opinion du peuple le plus civilisé de la terre. En effet, les danses des cannibales, leurs cris, leurs costumes, leur ivresse, sont-ils plus insensés que les nôtres? J'en doute. Eux encore sont excusables, ils n'ont jamais lu ni M. Veuillot, ni M. Albéric Second ; mais nous, qui les avons lus et qui les lisons encore chaque jour, ne devons-nous pas un peu rougir de cet état d'abaissement. Je dis un peu, je devrais dire énormément.

Mais voilà une tirade bien inutile, n'est-ce pas? Tu es si gentille, tu es si douce, que tu renonceras à ton projet insensé. Tu iras manger ce soir-là ta part de galette chez ta tante de la Villette, et puis après, tu t'infiltreras dans tes draps, en murmurant ces jolis vers d'Aurélien Scholl, que nous récitons si souvent ensemble :

> Je veux paraître à tous malhonnête et méchante,
> On ne me verra plus au bal chez le préfet.
> Quelques mots que je dis, un morceau que je chante,
> Il me semble que c'est un vol que l'on te fait.
>
> Crois-moi, je ne suis pas de ces femmes légères,
> Si promptes à l'amour, si promptes à l'oubli.
> Je n'ai jamais connu les passions vulgaires,
> Mon cœur s'est refermé dès que tu l'as rempli.

Une chose m'a bien fait rire dans ta dernière missive, c'est le passage relatif à la lettre anonyme que tu as reçue le lendemain du jour où j'allais m'aliter pour un mois. Enfant que tu es, petite folle, on méprise ces sortes de saletés-là, ces lâchetés. On dit que je veux te quitter — n'en crois rien : je suis attaché à toi comme le lierre à l'ormeau, M. Janicot à la *Gazette de France*, et M. Mélingue à l'Ambigu-Comique.

J'ai beaucoup lu ces jours derniers, j'ai digéré une quantité incalculable de bouquins à trois francs, à six francs, etc., etc. Je t'en recommanderai un tout particulièrement. Il est intitulé : *la Foire aux grotesques*, et signé Pierre Véron, une des vaillantes plumes de ce temps-ci. Jadis, j'ai beaucoup connu Pierre Véron, nous ne nous quittions guère.

En compagnie d'Alphonse Daudet, nous faisions de ces bonnes parties dont on conserve à tout jamais le souvenir. Les temps sont bien changés : mes deux amis d'autrefois ont si bien grandi, et moi si peu, que, lorsqu'ils me rencontrent, c'est à peine s'ils daignent me reconnaître. Moi, pas méchant pour un sou, et, du reste, n'ayant nullement besoin d'eux, je ne cours pas après. Je me venge en disant d'eux tout le bien que j'en pense, lorsque l'occasion s'en présente. Et puis, l'un a été joué au Théâtre-Français, l'autre a fait paraître vingt volumes et écrit dans 300 journaux ; que veux-tu qu'ils fassent d'un pauvre petit rédacteur du *Tintamarre*, qui a bien de la peine à acheter tous les deux mois une paire de bottines à sa Nini chérie ?

Tu connais bien Jules Prével, tu l'as rencontré vingt fois chez Brébant, tu as lu de lui les *Stations de l'Amour*, un petit livre très-amusant et qui s'est enlevé comme jamais ne s'enlèvera le ballon Nadar ? Eh bien, Jules Prével, en collaboration avec un ancien du *Tintamarre,* Furpille, vient de faire représenter aux Folies-Dramatiques un petit acte : le *Beefsteak d'or*, qui a réussi, très-bien réussi. — Commerson en dira deux mots, je l'espère. Moi qui ai souvent, dans son journal, égratigné Jules Prével, je tiens cette fois à lui être agréable.

Au *Tintamarre*, qu'on le sache bien, si nous sommes sévères quelquefois, en revanche nous savons être justes. Pas de parti pris, chez nous ; de la franchise : voilà pourquoi nous existons depuis vingt-cinq ans, malgré les envieux, les imbéciles et les jaloux.

Comme tu iras chez ta tante samedi soir manger de la galette et boire du cidre nouveau, je ne vois aucun inconvénient à te donner trois ou quatre mots que tu lanceras habilement vers la fin de la soirée et qui dérideront les convives, si le cidre et la galette n'ont pas produit l'effet qu'ils produisent d'ordinaire.

J'intitule encore ces petites turpitudes :

BADINAGES AU LAIT D'AMANDE DOUCE.

C'était à la 8e chambre de police correctionnelle :

— Prévenu, vous avez été arrêté le dimanche, 15, sur la voie publique, au moment où vous imploriez la charité des passants, en feignant de souffrir d'une blessure imaginaire ?

— Pardon, mon président, elle était réelle.

— Alors, pourquoi avez-vous refusé aux agents de la leur montrer?

— J'vas vous dire, mon président, ma blessure n'ouvre jamais le dimanche.

*\*\**

Toujours à la même chambre :

— Prévenu, des agents vous ont arrêté au Palais-Royal, au moment où vous fuyiez, emportant une partie des râteliers qu'expose le dentiste Désirabode. Qu'avez-vous à dire?

— Mon président, je n'avais rien mangé depuis deux jours.

— Mais ce n'est pas une raison.

— Faites excuse : quand je suis dans cet état-là, je deviens comme un fou, je prends la société en grippe, et je *grinche* des dents.

*\*\**

SUR LE BOULEVARD MONTMARTRE :

— Tiens, Blandureau; comment ça va?
— Pas mal.
— Et ta femme?
— Elle vient de me donner un cinquième héritier?

— Sapristi, vous n'y allez pas de main morte, vous autres, voilà à peine cinq ans que vous êtes mariés !

— Que veux-tu, mon cher ami, au jour d'aujourd'hui, on est si petitement logé.

*
\* \*

DE PLUS EN PLUS SUR LE BOULEVARD MONTMARTRE :

*Hamburger.* — Tu ne sais pas la grrrrande nouvelle, Raynard ?

*Raynard.* — Commerson se présente à l'Académie ?...

*Hamburger.* — Non, ça n'est pas ça : la petite Léonide Leblanc va fonder un nouveau journal : *la Gazette des cocottes.*

*Raynard.* — Ah bah ! mais ce journal-là sera-t-il *hebdRomadaire* ou *bi-hebdRomadaire ?*

Sur ce, le chien aimé, je t'embrasse tout plein, tout plein, et puis encore.

## XLIV

Paris, le 20 décembre 1866.

Le beau chien aimé,

Eh bien, j'y suis allé, à ton bal de l'Opéra; seulement, tu ne m'y repinceras plus.

Le plaisir stupide qui consiste à se faire marcher sur les pieds pendant cinq heures, à s'entendre appeler grand désossé, forçat en rupture de ban, pignouf, Lacenaire, abonné de la *Revue des Deux-Mondes*, croque-mort, dentiste, etc., etc., est loin d'être de mon goût. L'austérité de mes principes, la sage économie qui préside à toutes les actions de ma vie publique ou privée, mes convictions politiques et religieuses, ma jeunesse si peu orageuse et si peu en rapport avec les goûts dépravés de mon époque, sont mal à l'aise au milieu de ce tohu-bohu.

Je préfère le coin du feu, la lecture si souvent interrompue par ton coup de sonnette, le grand verre, le petit lit. Alors on se réveille le lendemain matin, plus frais et plus dispos; on se mangerait réciproquement l'un l'autre, on se contente de se dévorer de baisers.

Oh! les baisers du matin, lorsqu'on n'a pas encore

la trentaine et lorsqu'aucun dentiste ne vous a travaillé la mâchoire, parlez-moi de ça.

Après une nuit au bal de l'Opéra, le cas est bien différent; on ressemble, à s'y méprendre, à un professeur d'anatomie ou à un inspecteur des omnibus; on est sale, laid, dégoûtant, et tous les parfums de la Société hygiénique, si chers et si utiles à mademoiselle Schneider, seraient impuissants à vous désinfecter.

Certes, l'orchestre de Strauss est entraînant, et vue du paradis, la foule bariolée des masques a quelque chose d'infernal et de vertigineux qui vous empoigne. Mais si vous vous approchez de cette foule, si vous la coudoyez, quelle déception amère! Je ne sais, pour moi, rien de plus écœurant que cela, rien de plus hideux, rien de plus cruellement bête. Examinez les oripeaux et les frusques de près, ainsi que ceux qui les endossent, et si vous ne vous sentez pas pris de dégoût si vous ne haussez pas les épaules en entendant les ignobles plaisanteries, toutes débitées d'une voix avinée; si le rouge ne vous monte pas au visage, si vous ne fuyez pas bien vite cette cohue comme on fuit la peste ou un créancier, abonnez-vous au *Siècle*!....

Je vous déclare l'homme de France le mieux constitué, physiquement et moralement parlant.

Au foyer, les décorations étrangères et douteuses,

les habits râpés et les dominos défraîchis ne sont guère plus réjouissants.

En bas, vous avez des perruquiers, des calicots, des clercs d'huissier en goguette; en haut, des soupeuses et des jobards. Je croyais la race de ces derniers éteinte; elle ne s'est jamais mieux portée. Le monsieur qui prête dix sous à un domino pour ce que vous savez bien, existe encore. Samedi soir, je l'ai vu tout étonné, racontant à un municipal sa touchante et lamentable histoire. Le pauvre homme n'avait pas de monnaie; il avait gaillardement glissé un louis dans une petite main potelée; on lui avait promis, la chose terminée, de revenir avec les dix-neuf francs cinquante, et il les attendait en vain depuis une heure, en y mettant la même persistance que met Amédée de Jallais à attendre la croix de la Légion d'honneur.

Le municipal, un brave Strasbourgeois, plus malin que mon jobard, l'a envoyé déposer sa plainte au contrôle; — on l'a inscrite sous le numéro 777, et il n'était que deux heures du matin.

Ce que l'on me permettra surtout de trouver mauvais au bal de l'Opéra, ce sont les consommations qu'y débitent la limonaderie de l'endroit.

Tu te souviens, mon beau chien aimé, de l'affreuse et indigeste médecine qu'on nous y a servi sous prétexte de limonade et de punch. Ton estomac, j'en suis certain, s'en ressent encore; — quant au mien, depuis ce moment, il me semble qu'on me l'a changé.

J'appelle sur ce fait des plus regrettables l'attention de l'administration supérieure.

Peut-être m'objectera-t-on que l'estomac d'un chroniqueur du *Tintamarre* ne vaut pas tout ce bruit, mais on considérera que ce viscère pouvait tout aussi bien appartenir à un capitaine de la garde nationale ou à un attaché d'ambassade. D'ailleurs, j'ai le droit de dire avec Molière :

> Guenillle si l'on veut, ma guenille m'est chère.

J'engage la limonaderie à plus de circonspection, à plus de surveillance. Le cahier des charges qu'elle a dû signer, en prenant, vis-à-vis de l'administration des bals de l'Opéra, l'engagement de rafraîchir le public, ne doit pas porter que l'eau de vaisselle remplacera le punch ou la limonade. Or, j'ai bu quelque chose samedi dernier, au deuxième étage, dans la salle de l'Opéra, rue Le Peletier, qui n'était autre que de l'eau de vaisselle, habilement travaillée, je dois le reconnaître.

Je jouis de mes entrées au bal de l'Opéra. Peut-être ai-je été trop loin ; mais si l'on doit la vérité aux grands de la terre, à plus forte raison la doit-on à un artiste de talent tel que M. Strauss. J'ose espérer qu'il mettra à profit mes quelques observations : il fera éplucher avec soin les danseurs qui entrent gratis chez lui, il balayera sans pitié les quelques souillons, toujours les mêmes, qui guettent au foyer les imbéciles comme les filles guettent le soir, au coin des carrefours, le paillard aviné.

J'ai dit.

Alors, ma Nini chérie, peut-être me reverras-tu làbas, à la condition que tu ne m'y feras plus de scène ridicule. Samedi dernier, tu m'avais interdit toute conversation et toute cascade.

Pauvre petite folle, je tiens aujourd'hui ma vengeance, et en vers encore !

Lis-les, j'ai choisi au hasard la victime à laquelle je les adresse. — Si tu m'arraches les yeux, la lecture achevée, je m'en moque ; il me restera encore un cœur pour t'adorer, et puis, les oculistes ne manquent pas à Paris.

Attention, tiens-toi bien à la rampe !

J'aime les épinards, la gorge de Lagier,
J'aime le linge blanc, j'aime l'actrice en vogue,
Le mime Debureau, le tragique Ligier,
Et Banville, qui fait par année un prologue.
Je me sens tout heureux, lorsqu'au profond des bois
Ma Nini, sans pudeur pour la sainte nature,
En se trémoussant comme une biche aux abois,
Me dit : N'oublions pas l'heure de la friture.
J'aime, par la sambleu ! d'autres choses encor :
L'incisif Commerson, quoique trop économe,
Du moment qu'il s'agit, de me verser de l'or.
Mais savez-vous pour moi, qui méritait la pomme
Au bal de l'Opéra, le six janvier au soir ?...

C'était Adèle Huré. J'en rêve et je lui crie,
Palpitant nuit et jour : Au fond de ton boudoir,
Quel crétin songerait à lire la *Patrie*?

Tu vois, mon joli trognon, que je n'y vais pas de main morte, quand je m'y mets.

Je n'ai rien de nouveau à t'apprendre : Commerson se porte assez bien, mais Edmond Thion est souffrant. — Le *Tintamarre* voit chaque jour s'augmenter le nombre de ses abonnés; seuls nos appointements n'augmentent pas.

Je te rendrai ton album, enrichi des deux autographes suivants, — ne ris pas; ils valent au moins quinze sous pièce, comme les asperges dans cette saison :

Rien n'est bon que le veau; le veau seul est aimable!

CH. MONSELET.

Oh! viens voir avec moi, ma tendre Scholastique,
Sur les buttes Montmartre ou dans l'Adriatique,
    Se coucher le soleil!
— Zut! j'ai sommeil.

VICTOR DE LAPRADE.

*<br>* *

Un mot de Marseillais qu'on ne dépassera jamais :

— Dieu, il a commencé par créer la Cannebière, et puis, il s'est créé après.

Au revoir, mon beau chien aimé, je t'embrasse à pleins poumons.

P. S. — Je te dirai que je n'ai plus mon rhume de cerveau ni de boutons à mes chemises. — Accours donc bien vite, bien vite.

---

## XLV

Paris, 25 décembre 1865.

Le beau chien aimé,

Voici le jour des platitudes et des ignominies, des lâchetés et des hypocrisies qui approche le jour où l'on sourit lorsqu'on voudrait pleurer; le jour où votre concierge, son plumeau à la main, et votre neveu tout barbouillé de confitures et de latin et seriné par papa et maman, viennent vous la souhaiter bonne et heureuse; le jour des facteurs, des domestiques, des balayeurs, des charcutiers, des bandagistes et des ébénistes en goguette; le jour de l'an, enfin!

Tu ne peux te figurer, âme de ma vie, ce que je souffre, en pensant à ce jour-là.

Mon porte-monnaie a une figure impossible, je l'ai contemplée tout à l'heure et elle m'a donné une idée de ce que sera celle de Timothée Trimm lorsqu'on le forcera à monter en wagon. Car tu ignores peut-être une chose, c'est que pour rien au monde Napoléon Lespès ne se hasarderait à voyager en chemin de fer. Ce folliculaire de génie a horreur de la vapeur, et il irait à plat-ventre de Paris à Asnières, comme les ambassadeurs siamois, plutôt que de s'infiltrer, pour cinq minutes seulement, dans un wagon de première classe.

Chacun a ses petites faiblesses : ainsi, moi, dont tu connais certainement et dont tu as pu apprécier la bravoure à toute épreuve, eh bien ! pour dix mille guinées, tu ne me ferais pas porter une lettre, entre dix et onze heures du soir, au contrôleur en chef de l'Odéon.

Je suis sûr qu'il y a moins de danger à cueillir la noisette dans la forêt de Bondy à la même heure.

Mais revenons au jour de l'an.

Tu as tort de penser que je te donnerai des étrennes; c'est trop bête, trop banal, trop bourgeois, ça ne signifie rien. Je t'ai vue venir : tu m'as demandé hier, entre la poire et le roquefort, si j'accepterais de toi un calepin avec mon chiffre brodé sur la couverture : Je t'ai répondu, assez brutalement du reste, que je n'étais ni boursier, ni agent de change, ni notaire, et que, par conséquent, je n'avais nul besoin d'aucune espèce de calepin.

Veux-tu le fin mot de la chose, le voici : tu aurais dépensé, pour ne pas me faire plaisir, cinq ou six francs, et moi, bon Jobard, pour te combler de joie, j'aurais acheté à ma Nini chérie un chiffon quelconque, dans les prix doux de trois ou quatre cents francs, ce qui m'aurait forcé à manger jusqu'à la fin du mois chez Duval. Or, comme cette nourriture est tout à fait contraire à mon tempérament délicat, je tomberais malade; et, pour me guérir, il me faudrait cracher cent autres francs au médecin, total : cinq cents.

Eh bien ! non, mille fois non.

Si tu veux des étrennes, écoute-moi bien ces quelques vers, c'est tout ce que je peux faire pour ta jolie frimousse :

*Rien de Beaudelaire.*

Pour finir cette année, auprès de moi, ma belle,
Loin du Paris boueux, où Pipe-en-bois fleurit,
Viens nous couvrir du givre argentant la tonnelle,
Et boire ce vin bleu qui renferme l'esprit.

Si ton rire est sonore en mangeant la friture,
Et s'il n'est pas brûlé le jus du fricandeau,
Je te dirai : Nini, reçois comme cadeau
    Les étrennes de la nature :

Le vent qui fait rougir ton nez en le glaçant,
Qui, troussant ton jupon, montre tes bas de laine,
Le brouillard où tu mis ton or à rien pour cent,
Tous bonheurs idiots, valant la *Belle Hélène.*

Car on a repris cette *Belle Hélène* du maëstro Offenbach aux Variétés, et le Roi barbu, *Bu qui s'avance,* continue chaque soir ses exploits devant un public idolâtre, se souciant autant de la majesté des dieux de l'antiquité, qu'une carpe d'une tragédie de M. Viennet.

Je t'ai déjà dit mon sentiment là-dessus, je n'y reviendrai donc pas : *la Belle Hélène, la Vénus aux Carottes, la Femme à barbe* et autres turpitudes font mon désespoir et celui de ceux qui croient encore à l'art. Si ce dernier a jamais été dans le marasme, il faut bien avouer que c'est à l'heure actuelle, depuis que les compositeurs s'appellent Offenbach, les poëtes Ludovic Halévy, et les cantatrices Thérésa, Silly, Lasseny, etc.

Passons.

On a célébré ces jours-ci l'anniversaire de la naissance d'un homme que je n'ai jamais estimé et que tu dois connaître par les affiches de l'Odéon : le nommé Racine...

Je ne comprends pas cette rage pour une vieille gloire frelatée, qui meurt de désespoir parce que sa perruque de roi Soleil a oublié de le regarder un beau matin, en passant du côté de la pièce d'eau des Suisses. Observe que je prends sur la mort de ce plat courtisan et de ce mièvre tragique l'opinion respectueuse de La Harpe, et non pas celle de M. Victor Cousin, qui a insinué que Racine s'était pendu dans un cabinet de la Maison-Dorée, pour avoir négligé de remuer, à l'heure habituelle, la chaufferette de la Maintenon, une gaillarde qui ne plaisantait pas.

Enfin, tous les ans, à la même heure, il est d'usage d'ouvrir l'armoire aux guenilles dans les deux théâtres subventionnés, d'en décrocher une veste et de la battre pendant une soirée devant les vieilles perruques de l'orchestre. Ne vaudrait-il pas mieux que ce jour-là MM. les sociétaires se réunissent en secret autour du buste du tendre Racine, et là se donnassent, à cœur joie, une indigestion de cidre et de marrons, au lieu d'en donner une d'alexandrins au public ?

Il faudra que j'en touche deux mots à M. Thierry, la première fois que je le rencontrerai chez Suzanne Lagier.

Passons encore.

Une actrice du Châtelet a donné, cette semaine, une soirée dansante à laquelle était conviée la fine fleur de la bicherie parisienne. Je te prie de croire que j'y brillais par mon absence ; mais le fils de ma concierge, qui était du nombre des élus, a composé là-dessus le quatrain suivant qui en vaut bien un autre :

L'autre soir, on dansait chez l'hétaïre en vogue,
Qui sous ses pieds mignons voit plus d'un financier,
Quand certain misanthrope, avec un air de dogue,
Cria : Que de pigeons pour un seul *colombier !*

Passons encore.

Hyacinthe, du Palais-Royal, interroge, samedi dernier, sa bonne :

— Voyons, Marguerite, qu'avez-vous donc? Depuis quelques jours, vous me servez des côtelettes calcinées, vous négligez de me bassiner mon lit, vous laissez mes chemises sans boutons et ma cheminée sans feu?

— Écoutez, monsieur, ça m'ennuie de servir un homme aussi célèbre que vous.

— Allons donc! moi, mais je suis un simple comique du Palais-Royal.

— Alors, pourquoi ne pas vous contenter de ça, et aller faire des conférences à Notre-Dame?

— Plaît-il?

— Dame! depuis quinze jours on n'entend parler que du Père Hyacinthe.

Je te raconterais bien encore quelques autres turpitudes de la semaine, le beau chien aimé, mais l'heure s'avance, j'ai une faim canine et je cours me précipiter sur un beefteack quelconque. Quel dommage que tes jolies petites quenottes ne soient pas là pour le dévorer avec moi!

P. S. — Je viens de lire *Malheur aux vaincus*, cette œuvre à laquelle on a coupé les ailes, c'est splendide, — jamais Théodore Barrière n'avait été mieux inspiré, — tu verras, vas-tu assez me remercier !

---

## XLVI

Paris, 30 décembre 1863.

Belle Nini,

Deux mots, s'il te plaît ?

Lève tes grands yeux noirs, ouvre tes petites oreilles, sois attentive comme si j'allais te lire un chapitre de Balzac, un proverbe d'Alfred de Musset ou une chronique d'Auguste Villemot.

Laisse de côté le *Journal pour tous*, le *Petit Journal* et les portraits-cartes de MM. Mélingue, Charly, Dumaine, Lafontaine, Bressant, Gil Pérès et autres comédiens de plus ou de moins de talent. Tu leur fais beaucoup trop d'honneur, petite folle, en les dévorant ainsi chaque soir. Je t'assure qu'ils sont bâtis comme moi, qu'ils mangent comme moi, qu'ils digèrent comme moi, qu'ils aiment comme moi.

Fais-moi le plaisir de laisser également de côté ton marylan et ta tapisserie ; je n'aime pas à te voir fumer quand je ne fume pas, à tourmenter des échevaux de laine quand je suis là à me creuser le cerveau pour donner de la copie à Commerson ; — écris plutôt ; je vais te dicter, et si tu parfumes ma prose de fautes d'orthographe, je t'envoie frotter le parquet de la chambre à coucher de M. Janicot.

C'est demain le jour de l'an ; le jour des grandes et des petites bassesses, attention, voici l'emploi de ta journée.

Moi, j'irai faire un tour du côté de la Pépinière du Luxembourg ; — si j'y rencontre Courbet, je lui dirai du bien de Raphaël et de Michel-Ange.

A huit heures, tu te lèveras. Après t'être bien et dûment maquillée, après avoir serré tes jolies menottes dans le manchon de 17 francs 75 centimes, que j'ai eu le tort de te payer, tu descendras tes quatre étages en passant rapidement devant la loge de ton concierge. S'il t'arrête au passage, et te la souhaite bonne et heureuse, tu lui répondras : Je la connais, ce n'est pas à moi qu'on la fait celle-là ; des mouchettes !

A onze heures, tu te rendras chez ton oncle de la place du Marché-aux-Veaux. Après l'avoir étreint, tu lui tiendras à peu près ce langage : Bon vieillard, voilà vingt ans que je viens chaque année vous la souhaiter bonne et heureuse; c'est embêtant, et puis c'est toujours la même chose. Cette année, je souhaite de tout mon cœur vous voir dévisser votre billard à l'époque où les lilas fleurissent sur la branche, à l'époque où l'on commence à manger des petits pois au sucre.

A midi, tu déjeuneras à mon café; plus que jamais tu te montreras exigeante et insolente. Si le garçon t'offre, le sourire sur les lèvres, un sac de bonbons sur une soucoupe ébréchée, tu lui remettras, en échange de cette gracieuseté hypocrite, deux stalles d'orchestre pour le théâtre Saint-Pierre.

A trois heures, tu te rendras chez le concierge de l'Institut, et, de la part de madame Louise Collet (née Révoil), tu remettras à chacun de ces messieurs les académiciens un exemplaire complet des poésies malsaines et titubantes de M. Baudelaire.

A cinq heures, tu feras ton entrée dans les bureaux du *Constitutionnel;* tu remettras aux bonnets de coton, aux gilets de flanelle et aux abat-jour verts que tu y rencontreras, ma carte, celle de Commerson et celle de M. Louis Jourdan.

A six heures, tu rentreras chez toi, tu mangeras un hareng sauce moutarde, quelques sardines, un peu d'épinards, et tu te coucheras. Tâche de rêver que l'Odéon m'a reçu cinq actes, et que Peragallo m'a fait une avance de trente-quatre francs sur mes droits d'auteur.

Ce petit programme est sérieux. Si tu ne le suis pas à la lettre, je t'abonne pour 1865 au *Monde*, je ne réponds plus à tes avances et de ton loyer, je m'infiltre dans ton existence et ne te laisse pas un moment de répit, je deviens jaloux de tous ceux qui franchissent le seuil de ton appartement, — y compris l'Auvergnat qui t'apporte le charbon de terre avec lequel nous en finirons, le jour où M. Ponsard rentrera au *Tintamarre* et y reprendra la place qui m'a été octroyée lors de son départ pour l'Odéon, les Français et le quai Voltaire.

En allant dîner demain soir, dépose, je te prie, à *la Revue des Deux-Mondes*, la pièce de vers suivante.

Si M. Buloz l'imprime, je lâche immédiatement Commerson et *le Tintamarre*.

## PETIT GALOUBET

### DÉDIÉ A L'ANNÉE 1866

—

*Air indigeste.*

Discrète messagère,
Qu'apportes-tu, dis-moi ?
Viens-tu rendre à la terre
L'espérance et la foi ?

Viens-tu, plus charitable
Donner l'herbe aux coteaux ?

## A SA NINI

Empliras-tu l'étable
De bœufs aux fiers naseaux?

Au bébé sans famille,
Petit oiseau sans nid,
Qui se traîne en guenille
Sur le pavé maudit;

Vas-tu, bonne et prospère,
Secours des orphelins,
Rendre un baiser de mère
Pour réchauffer ses mains?

Dans cette ville immonde
Qu'on appelle Paris,
A notre quart de monde
Donneras-tu du prix?

Vas-tu de l'ouvrière,
Égayer le grenier,
Et par monsieur Barrière
Faire adopter Grenier?

A Frédérick Lemaître
Vas-tu rendre ses dents?
Ou vas-tu nous remettre
Lagier dans son printemps?

Leinenger aura-t-elle
Des gandins comme avant,
Au cou de la dentelle
Et les jupes au vent?

Non! à ces sombres choses
Tu ne changeras rien.

Les vers comme les proses,
Tout manquera de chien.

Le poëte Clairville
Dans sa niche écrira,
Et de façon civile
Tout seul s'applaudira.

Plein de malsaines rimes,
Armand Renaud fera
Des ballades, des crimes,
L'amour et cœtera.

Toujours le grand artiste
Ce sera Dennery;
Gautier, le fantaisiste,
En restera marri.

Pourtant, je te pardonne,
Si tu fais qu'à Nini,
Pour la chausser, l'on donne
Pas mal de cuir verni;

Et que le *Tintamarre*,
Loin des journaux mort-nés,
Nage dans une mare
De nouveaux abonnés.

A toi de tout cœur.

## XLVII

Paris, le 7 janvier 1866.

Beau bébé,

Tu connais l'antipathie de ton vainqueur pour les théâtres de cocottes, en général, et pour le théâtre Déjazet, en particulier.

Tu sais que je préférerais lire un article du *Siècle*, vendre pendant huit jours consécutifs de la chandelle et de la mélasse, assister au cours de M. Guillaume Guizot et à la toilette de mademoiselle Lovely, supplices affreux, plutôt que de m'infiltrer une toute petite heure dans la case d'Eugène.

Le beau plaisir, en effet, la douce chose, que d'entendre hurler par des donzelles plâtrées, véritables poupées de Nuremberg, toutes plus laides les unes que les autres, les rondeaux pâteux et *vieux jeu* de M. de Jallais !

Comme cela soulage bien son homme, comme cela le rend bien heureux, comme cela le fait sourire, ces calembours qui datent de la fondation des Invalides, et que débitent avec assaisonnement de grimaces et de coups de pied, MM. Oscar, Legrenay et Leriche, toujours les mêmes, dans des pièces toujours taillées sur le même patron !

Rien que d'y penser, le peu de bile que j'ai à mon service se met en mouvement, je sens la fièvre.

Et cependant, dimanche soir, je me suis laissé conduire par ta blanche menotte à ce théâtre. J'ai marché calme et résigné au supplice, je l'ai enduré avec le stoïcisme qui convient à toute victime connaissant à fond son métier.

Eh bien! apprends-le aujourd'hui, cette fantaisie m'a coûté vingt francs. Écoute et rougis à en faire tomber de dépit les cheveux rouges de Cora Pearl.

Tu sais qu'en arrivant au contrôle, j'ai parlementé un instant avec le monsieur qui s'y prélassait. Tu as peut-être cru que je demandais deux entrées de faveur, car tu es habitué à me voir pénétrer gratis dans la plupart des théâtres.

Erreur, mon beau bébé! Voulant te ménager une surprise, je demandais si l'on pouvait mettre à ma disposition deux avant-scènes, moyennant deux bonnes pièces de cent sous que je dissimulais entre le pouce et l'index.

On me répondit qu'il fallait prendre l'avant-scène entière. — On ne détaille pas plus les loges que les couplets chez Eugène.

Et moi, bon prince, grand seigneur jusqu'au bout des ongles, j'ai pris l'avant-scène entière.

Sapristi! quel trou que cette loge cotée vingt francs, et dans laquelle on doit tenir quatre !

A nous deux, nous pouvions à peine y respirer à l'aise, et nous ne sommes cependant pas des colosses.

Eugène, je réclame et j'en ai le droit : de la loge occupée par Nini et par votre dévoué serviteur, dimanche dernier, on ne peut voir que la moitié de la scène, et cependant on paye le double, deux fois le double même, avouez que c'est bien bizarre. Avec tout le respect que je ne vous dois pas, laissez-moi vous signifier ici mon mécontentement.

Voilà, idole de mon âme, mon compte réglé avec le théâtre Déjazet, passons à d'autres exercices.

J'ai lu quelque part que MM. de Goncourt avaient réuni dans un festin digne de Lucullus les chroniqueurs et les critiques qui avaient dit du bien d'*Henriette Maréchal*, cette œuvre mort-née. Tu penses si l'on s'est gardé de m'inviter ; aussi ne m'accusera-t-on pas d'avoir pincé la taille de la bonne, mis toute pudeur littéraire de côté et les couverts dans ma poche. On ne m'ôtera pas une chose de l'idée : ces messieurs qui ont dit du bien d'*Henriette Maréchal*, depuis le potage jusqu'au biscuit de Savoie, ont, en revanche, joliment dû dire du mal de leurs confrères absents pour cause de franchise. Ne t'en étonne pas, on voit bien d'autres énormités dans le siècle où nous vivons : nous avons en ce moment à Paris un comte qui fait des vaudevilles pour Déjazet, tandis que la noble comtesse, son épouse, chante à Bobino les couplets de Saint-Agnan Choler. — C'est un peu plus fort que de jouer aux bouchons dans la neige avec des pains à cacheter.

Toutefois, et pour en revenir au Balthazar des de Goncourt, j'aurais bien voulu être caché dans un coin de leur salle à becqueter et entendre la conversation. J'aurais alors noté sur mon carnet le nom de ces panégyristes, et je les aurais imprimés ici en grosse normande, histoire d'être agréable aux débutants qui n'ont pas de veine.

En effet, suis bien mon raisonnement : il est facile avec ce système-là de se consoler d'une défaite. C'est tout simplement une question de gigot cuit à point, de truffes à la serviette et de beaune première.

Dès aujourd'hui, je mets deux cents francs de côté, je m'attèle à la besogne et je confectionne cinq actes. Seulement, j'aurai soin d'inviter la presse la veille de la première, chez S..., au Palais-Royal (2 francs par tête, pain et cheveux dans le potage à discrétion). Ce sera bien le diable alors, si tout ne marche pas comme sur des roulettes et si je n'entre pas à l'Académie dans une quarantaine d'années d'ici. Passons.

*L'Événement*, ton journal favori, donne en prime à ses abonnés de six mois une caisse de mandarines.

Au *Tintamarre*, nous allons être beaucoup plus malins, beaucoup plus forts, beaucoup plus logiques que cela. A quoi bon donner des oranges ? L'orange n'est guère utile qu'à l'époque du jour de l'an, alors qu'il est d'usage de faire plaisir à ses amis et connaissances et paraître ne pas les avoir oubliés.

Pas d'oranges à nos abonnés! Mauvais système!

Voici ce que nous tenons, à partir de ce jour, à leur disposition.

Pour nos abonnés d'un an, et faisant partie du sexe faible auquel nous devons la couturière de Léonide Leblanc : le portrait-carte de M. Dumaine, deux irrigateurs et un bain de siége.

Pour nos abonnés de six mois, et faisant partie du sexe fort auquel nous devons M. de Montalembert, dix-huit paires de bretelles et le portrait-carte de Suzanne Lagier en dégradé.

Ceux de nos abonnés des deux sexes, qui lisent *le Constitutionnel*, et qui jouissent d'une mauvaise santé, tels que les rachitiques, les goitreux, les gâteux, les scrofuleux et les lymphatiques, auront droit à une stalle à l'année au théâtre des Folies-Dramatiques.

Qu'on se le glapisse!

Un mot, et je finis :

— Toi qui es très-fort, demandait mademoiselle Schneider à Grenier, sais-tu le moyen de rendre un homme vertueux?

— Ma foi, non.

— Eh bien, c'est de lui faire manger des fromages à la crème.

— Pourquoi?

— Comment, tu ne t'es donc jamais aperçu que les fromages à la crème forment toujours le cœur?

Sur ce, à dimanche, le beau chien aimé, nous irons manger une friture à Bougival et voir si le printemps s'avance.

Dix millions de baisers.

## XLVIII

Paris, 15 janvier 1866.

Mon beau chien aimé,

Encore une illusion perdue !

Je suis allé hier à l'Odéon, et j'y ai constaté la présence de nombreux spectateurs qui n'étaient pas du tout en carton et qui tous m'avaient parfaitement l'air d'avoir payé leurs places.

Il est vrai qu'on jouait cette œuvre charmante : *la Vie de bohème* que nous autres, les jeunes, nous savons par cœur, et que, cependant, nous ne nous lassons jamais d'entendre.

J'y ai été de ma larme, le beau chien aimé, aussi vrai que je te le dis et que M. de la Rounat s'appelle

Charles Rouvenat. J'ai bien regretté de ne pas t'avoir à mes côtés pour voir tes jolis pruneaux se changer en deux bornes-fontaines.

Une belle fille qui pleure, c'est très-gentil, je t'assure.

Et puis, comme tu aurais ri de ton franc rire ! comme tu aurais frappé avec enthousiasme tes petites menottes l'une contre l'autre ! comme tu n'aurais pas regretté *Barbe-Bleue*, *la Belle Hélène*, Offenbach, Dupuis, Couder, pour lesquels, je n'ai jamais su pourquoi, tu te ferais presque hacher en morceaux.

Vois-tu, Théodore Barrière et Mürger, même à l'Odéon, même à Montparnasse, même à Saint-Marcel, c'est de l'émotion, de la poésie, de la gaieté et du bonheur pour toute une soirée.

Avec un peu de bonne volonté, on peut même en emporter pour le lendemain.

Aussi te conduirai-je à l'Odéon la semaine prochaine, si tu es bien sage, si mes chaussettes sont bien raccommodées, si tu ne lis pas trop de Ponson du Terrail, et surtout si tu ne me demandes pas à aller manger le pot-au-feu de ta tante.

Ta tante ? Je la connais. Et quant à son pot-au-feu, quelle carotte !

Victor Koning (toujours bien renseigné, chacun sait cela), m'a assuré, lundi dernier, chez Brébant, que ta fameuse tante avait des favoris blonds, travaillait en qualité de second clerc chez un notaire et était de première force au billard.

J'en ai eu froid dans le dos, et me suis bien promis de te demander là-dessus quelques éclaircissements.

Est-ce vrai, mon beau bébé ?

Tu ne réponds pas ? Alors Koning était dans le vrai..... Oh ! c'est affreux. Commerson, dis-moi que j'ai fait un rêve.

Nini, ne vas pas l'oublier, c'est ainsi que commencent toutes celles qui, plus tard, jettent leur bonnet par-dessus la colonne Vendôme. On va vite sur cette pente fatale : Un clerc de notaire d'abord, un calicot ensuite, et enfin un boursier pour couronner l'œuvre. Du noyer, de l'acajou, du palissandre et beaucoup de honte.

Assez sur ce chapitre, voyons autre chose.

Une grande solennité se prépare : le bœuf-gras, qu'on pouvait croire abattu et tout prêt à être servi sur la table des grands de la terre, comme dirait Bossuet, va reparaître plus brillant et mieux portant que jamais, sur la scène du théâtre impérial du Châtelet.

On assure même qu'il chantera un couplet grivois dû à la muse élégante et facile de M. Clairville, et qu'il risquera un certain cancan, dont Markowski lui a inculqué les premières notions devant une commission instituée *ad hoc*.

Je ne voudrais pas, si j'avais le malheur d'appartenir au corps du ballet, être le vis-à-vis de ce nouveau Clodoche qui, plus heureux que Poncet, voit ajourner aux calendes grecques l'heure de son supplice. Je craindrais les rapprochements que ne manqueront pas de faire sur le cavalier et sa dame les mauvaises langues, ennemies de tout progrès et de toute innovation.

Mais ce n'est pas tout : le cortége classique du bœuf-gras défilera également sur la scène avec tous les garçons bouchers spécialement engagés.

Quelle riche idée ! Elle ne devait venir du reste qu'à M. Hostein, qui ne peut mettre le nez à la fenêtre de son cabinet directorial sans apercevoir la tour de Saint-Jacques-la-Boucherie.

Seulement et au nom de la logique que nous ne saurions trop protéger au *Tintamarre*, je demande à ce qu'on appelle à l'avenir ce théâtre : *Théâtre du Châtelet-la-Boucherie*.

Si nous protégeons la logique, cela ne veut pas dire que nous n'aimons pas la folle gaieté. Au Palais-Royal, elle a élu domicile pour longtemps, je l'espère, grâce à *la Foire aux grotesques*, de MM. Pierre Véron et Henri Rochefort. Ces deux hommes d'esprit, le désespoir des caissiers de M. Millaud, qui couvrent d'or leur copie, ont écrit une pièce, une satire, une revue, si tu l'aimes mieux, qui est un vrai bijou depuis la première scène jusqu'à la dernière. Il y avait longtemps que je n'avais ri d'aussi bon cœur. Je te ferai encore partager ce rire-là, je te ferai te tordre en écoutant Gil Pérès, Brasseur et Hyacinthe, mais toujours aux mêmes conditions.

Un endroit où je ne te conduirai pas, par exemple, c'est au théâtre Déjazet, ou règne M. Amédée de Jallais. *Les Déesses du Bœuf gras*, la nouvelle pièce à femmes de cet auteur aimé du maître et de la maîtresse de la maison, a été égayée, m'a-t-on dit, dimanche dernier, jour de la première. Tant mieux, mille fois tant mieux ! Il est temps d'en finir avec cette littérature malsaine, ces exhibitions de cocottes et de mollets, spécialité aussi dangereuse pour l'art que pour la morale.

Un dernier mot sur l'œuvre nouvelle et un peu abracadabrante de M. Amédée de Jallais, — je l'ai entendu devant le théâtre, le soir de la deuxième représentation.

— Dis donc, Guguste, entrons-nous ?

— Plus souvent !

— Pourquoi ça ?

— Ah ! je connais la case, moi, j'en ai assez, et puis, vois-tu, Polyte, si le bœuf est gras, en revanche, les déesses sont joliment maigres. Coûte que coûte, la direction a voulu donner de la *réjouissance* au public, mais ça ne prend pas.

Albert Wolff vient de réunir en un volume ses meilleurs articles du *Figaro*, du *Nain jaune* et de *l'Evénement*, sous le titre de *Mémoires du Boulevard*. Je prédis un succès au spirituel écrivain, car je viens de parcourir ce volume, et l'auteur y a tenu toutes les promesses qu'il fait au lecteur dans sa préface.

Si tu savais que d'enseignements, que de hontes, que de turpitudes dévoilés là-dedans, le beau chien aimé !

Avant de terminer, je veux te citer la réponse que fit la semaine dernière l'épouse d'un auteur dramatique très-connu et très-apprécié sur la place, à un de mes amis.

Cet auteur dramatique est assez dangereusement malade et garde le lit depuis deux grands mois.

— Eh bien, dit mon ami à madame X..., comment va notre cher malade ?

— Ah ! ne m'en parlez pas, ça ne marche pas du tout, *voilà notre hiver perdu* !

Le mot a fait fortune, chacun se le répète, chacun le commente et tous s'en affligent : — mon opinion est qu'on devrait en rire.

Au revoir, le beau chien aimé, je t'embrasse tout plein. Mais, je t'en supplie, va un peu moins chez ta tante.

*P. S.* — Le bruit court que M. de Villemessant a offert à mademoiselle Leinenger de lui payer 25,000 francs le droit de publier son acte de naissance dans un des numéros de *l'Événement*.

## XLIX

Paris, le 30 janvier 1866.

Chien aimé,

Décidément, où allons-nous? C'est à désespérer d'un peuple et d'une époque.

Voici que ces petites dames marchent sur nos brisées et fondent des journaux, de vrais journaux.

Le premier vient de paraître et s'appelle *Colombine*. Il s'étale effrontément à la devanture des libraires. La prose de mesdames Suzanne Lagier, Léonide Leblanc, Marie Leroux, Carretier, Mélanie, est cotée vingt-cinq centimes et a le droit de pénétrer partout. Le bureau de rédaction est situé cité Bergère, et le numéro spécimen que j'ai là sous les yeux est imprimé par Walder.

Il y aura des abonnés, je n'en doute pas, car le nombre des cocodès, loin de diminuer, va croissant de jour en jour. Comment veux-tu que ces imbéciles, ces grotesques, ces panaris, ces tumeurs, ces drôles, qui se ruinent pour les figurantes de Déjazet, des Folies, des Délassements et des Variétés, qui les couvrent de soie, qui encombrent leurs entresols de palissandre, qui les trimbalent sans honte et sans pudeur dans des paniers à salade autour du lac, comment veux-tu, dis-je, que ces cols cassés ne lâchent pas annuellement la modique somme de vingt francs pour savourer la prose de leurs donzelles?

Riche idée, qui ne serait pas venue à M. Desbrousse père; splendide combinaison qui aurait échappé à Eugène Déjazet lui-même, directeur habile, administrateur intelligent!

Allons, courbons-nous, nous autres les vieux de la petite presse, contentons-nous de nos abonnés de Quimper, de Château-Thierry et de Carpentras; place aux cancans de boudoir et de coulisses racontés par les héroïnes elles-mêmes; place à ces dames, soyons grands seigneurs!

Moi, je quitte la partie; dès demain j'entre en apprentissage chez M. Babinet; je me livre à l'étude des corps célestes, qui ne se vendent pas, ceux-là, et qui n'ont rien de caché pour leurs admirateurs.

Je ne veux à aucun prix être traité de cher confrère, par mesdemoiselles Léonide Leblanc ou Mélanie Gousset; je ne veux pas vendre la même denrée, manger au même râtelier.

Sapristi, non!

Pour en finir avec ces dames et leur organe, permets-moi de te citer l'exclamation de M. de Montalembert, marchandant, hier soir, dans le passage Jouffroy, le premier numéro de *Colombine*.

Car M. de Montalembert marchande, comme notre femme de ménage.

— Cinq sous?... cinq sous?... Après tout, ce n'est pas trop cher pour une feuille de joie.

Quelque chose de bien singulier, c'est l'aplomb avec lequel nos vaudevillistes à la mode manient la réclame.

Au *Tintamarre*, nous y mettons des formes et tout le timbre exigé par la loi du 28 avril 1816. Au théâtre, le cas est bien différent, bien que le résultat soit à peu près le même.

Les pédicures, les bijoutiers, les bandagistes, les tailleurs, les chapeliers, les dentistes, les restaurateurs, les droguistes, pour peu qu'ils aient la chance de compter, parmi leurs amis, soit un directeur, soit un auteur, peuvent entendre chaque soir leurs noms et leurs adresses jetés à la foule, au grand ébahissement de cette dernière.

Du reste, le tour est très-facile à exécuter, la recette aussi peu compliquée que l'intrigue d'un vaudeville de M. Dunan le Mousseux.

Exemple :

La jeune première laisse tomber son éventail.

— Pardon, mademoiselle, dit le jeune premier, mais quand on possède un éventail de Duvelleroy, passage des Panoramas, 17, maison à Londres et aux Batignolles, on ne jongle pas avec lui ainsi qu'une cascadeuse avec l'honneur d'un coulissier.

Autre exemple :

— Ciel! quelle odeur insupportable, s'écrie la marquise; je parie vingt-sept sous que le marquis a encore laissé sur la table le râtelier que je lui ai offert pour le jour de sa fête, et qui sort de la maison Levisson, boulevard des Italiens, 8, pas de succursales. (Elle sonne.)

Autre exemple :

— Augustine, il faut que je reste cinq minutes avec lui; à tout prix, il le faut. Si le petit jeune homme des magasins de Pygmalion, boulevard Sébastopol, 15, spécialité de molletons unis et rayés, me demande, tu lui diras... tu lui diras que je suis chez le pédicure Arnold, 27, rue Vivienne.

Pauvre littérature dramatique, es-tu assez à plaindre en l'an de peu de grâce 1866!

Cette semaine a eu lieu, à l'Opéra-Comique, le bal des artistes dramatiques.

J'y suis allé, et je m'y suis amusé tout juste comme un sapeur du 34ᵉ de ligne s'amuserait à une séance de l'Académie des inscriptions et belles-lettres.

J'ai coudoyé dans la salle une trentaine d'actrices à peine.

Il serait bon, une fois pour toutes, de s'entendre avec MM. les comédiens et mesdames les comédiennes, qui nous la font au mérinos chaque fois que l'occasion s'en présente.

Il faut l'avouer, ces messieurs et ces dames traitent

peu le public en enfant gâté, et le public cependant leur apporte chaque jour son bon argent. Je crois que leur devise est celle-ci : Dédain et mystification. Il semble, ma parole d'honneur, que nous n'avons plus rien à objecter lorsqu'ils nous ont dit, le torse et les cheveux rejetés en arrière :

— Je suis artiste dramatique, moi, mossieu!

Il y a des exceptions, je le reconnais, mais elles sont rares.

Finissons-en donc avec ces prétentions aussi ridicules qu'absurdes. Un acteur, une actrice, c'est gentil, ça peut se mettre sur sa cheminée, lorsque c'est bien réussi, — mais rien de plus!

Sur trois mille acteurs qui vivent à Paris du théâtre, il y en a deux mille neuf cent cinquante qui n'ont pas plus de respect pour le public que Commerson n'en a pour un rédacteur de *la Gazette de France*.

Pourquoi ne pas leur rendre la pareille?

Pourquoi aller porter dix francs à des dames qui restent chez elles à se dorloter, lorsqu'en donnant ces dix francs on ne peut admirer de près que le pantalon et l'habit noirs du baron Taylor, alors qu'on avait rêvé, d'après les promesses de l'affiche, tout autre chose : de splendides épaules, de jolis visages qui perdent toujours à être vus à l'aide de la lorgnette?

Restons chez nous.

On s'arrache les chroniqueurs à l'heure actuelle. Jamais dame Chronique n'a vu priser si haut sa marchandise; ce n'est plus de la rage, c'est du délire, et un jour viendra, pour peu que cela continue, où le dernier des petits journalistes touchera le traitement d'un sénateur.

Ce jour-là, je lâcherai Nini.

Seulement, pourquoi ne pas l'avouer, je doute fort que Commerson voie d'un œil calme cette hausse subite. Le patron est généreux, mais il n'aime pas la prodigalité, et le voilà forcé, bon gré mal gré, de suivre sur la pente fatale MM. de Villemessant et Millaud. A son tour, il attachera à sa rédaction les Rochefort, les Scholl, les Vallès, les Villemot, les Wolff, etc., etc., et il nous plantera là ou nous priera de faire les bandes.

La position n'est plus tenable... trop de hausse à la clef; ce *mal chronique* fait mes nuits sans soleil et mes jours sans étoiles.

Quelques mots, et je finis :

Deux gandins causaient de la reprise du *Médecin des enfants,* à l'Ambigu :

— Comment trouves-tu cela? fait le premier.

— Pas mal, répond le second, le drame a du chien, les artistes du nerf. Une seule actrice me désolait là-dedans.

— Laquelle?

— Enjalbert. Je la trouve en...nuyeuse.

SUR LE BOULEVARD.

— Tu connais X..?

— Parbleu, l'homme de France le plus aimé pour ses écus, celui qui lance en un mois autant de femmes qu'un huissier lance de protêts en un jour.

— C'est cela. Eh bien, il n'a pas de chance : hier soir, en sortant de chez lui, il est tombé en catalepsie.

— Tu veux dire en catinlepsie.

.·.

DANS UN RESTAURANT EN VOGUE.

— Sapristi! garçon, mais voyez donc, il y a des cheveux dans ce potage!

— Ah! oui, monsieur, mais ceux-là je les reconnais, ils appartiennent au patron.

.·.

S... n'est marié que depuis six semaines, ce qui n'a pas empêché sa femme de mettre au monde, ces jours derniers, un bébé né parfaitement viable.

— Il me semble que c'est arrivé un peu tôt, lui disait charitablement un de ses amis.

— Pas du tout, répondit S...., c'est le mariage qui est arrivé un peu tard.

A SA NINI

— Sais-tu qu'il est très-chic le monsieur de Désirée !
— Vraiment?
— Mais oui, ma chère, il a un palais d'argent.
— Où ça?
— Dans la bouche, parbleu.
Tout à toi de cœur.

---

## L

Paris, le 5 février 1866.

Ma bien aimée,

Je ne sais rien de plus pénible que le métier que je fais tous les dimanches à cette même place.

Outre les haines que je m'attire forcément, outre les coups de couteau que j'esquive avec l'adresse du bravo le plus retors, outre les épithètes peu gracieuses qu'on accole au nom de mes pères, outre les lettres stupides de correspondants plus infirmes les uns que les autres, outre les ordures qu'on dépose chez ma concierge sous forme de livres, de lithographies, de romances, il me faut endurer un supplice plus atroce encore, celui d'être traîné dans la boue par ces petites dames.

Il n'y a pas à dire, j'ai étrenné!

*Colombine*, dans son n° 2, m'a tancé d'importance.

Me voilà, moi, le puritain, moi, l'homme sauvage, moi, l'ennemi juré de tout ce qui sent, touche ou regarde le gandinisme et la bicherie, le joujou d'anciennes cabotines des Délassements, le Turc sur la tête duquel on essaye sa force, le jobard qu'on désigne du doigt en s'écriant : Comment a-t-il pu en échapper?

C'est triste.

Aussi, pourquoi diable vais-je me mêler de choses qui ne me regardent en aucune façon?

Pourquoi m'étonner, pourquoi crier au scandale, en voyant de pauvres filles, de pauvres Madeleines, sans esprit et sans beauté, mais pas méchantes pour cinq sous, déshonorer les caractères d'une imprimerie, emboîter le pas aux Rochefort, aux Scholl, aux Wolff, aux Villemot, aux Commerson et jouer à la chronique avec le même aplomb qu'elles jouaient jadis au désintéressement pur!

Je n'ai que ce que je mérite.

Toutefois, mesdames, et pour en finir, laissez-moi vous donner un bon conseil : retournez à vos moutons. Si la morale en souffre, du moins la littérature contemporaine n'aura qu'à s'en réjouir. Aujourd'hui, vous nous prenez tout; il n'y avait qu'une seule chose à laquelle vous n'aviez pas osé toucher : le journalisme, le petit journalisme. — Je vous en prie, ne le déshonorez plus.

Les truffes, les gandins, les huit-ressorts, les cabinets capitonnés de Brébant et du café Anglais, les entresols du quartier Bréda, voilà ce qu'il vous faut. Avec ça, on arrive tout aussi bien et plus sûrement à l'hôpital, — ce que je ne vous souhaite pas, du reste.

*L'Événement*, journal ordinairement très-bien renseigné, a été, dans son numéro de vendredi dernier, berné de la façon la plus réjouissante par un aimable farceur.

Ce dernier a donné comme exactes des dédicaces de Victorien Sardou, qui n'ont jamais existé que dans son imagination.

Au *Tintamarre*, chacun sait ça, nous n'aimons pas à faire de la peine à nos confrères. Bien souvent même, nous pallions les torts qu'ils peuvent avoir; mais, en cette occurrence, notre conscience nous impose le devoir de rétablir des faits dénaturés par une main sacrilége.

Voici quelques-unes des vraies dédicaces, garanties bon teint (tout laine, pas de coton!), et dont nous devons la gracieuse communication à Arnold, le pédicure de madame Sardou :

### *A mademoiselle Fargueil.*

A vous ce témoignage de ma vive reconnaissance, à vous dont l'expérience scénique et sénile, les quarante-cinq printemps bien sonnés et les minauderies, sont une garantie de succès pour celui qui ne craint pas d'affronter ce grand enfant terrible : le public !

### *A M. Harmant.*

Ça ne marchait pas chez vous. Je suis venu, j'ai vu, j'ai vaincu. Vous remercier de votre hospitalité, ce serait une bassesse. Le colon remercie-t-il le sauvage lorsque, par ses efforts, il lui donne à la place d'une forêt vierge une plaine verdoyante où le blé se balance sous le souffle du vent, en attendant la moisson ?

Je suis le colon, vous étiez... mais je m'arrête, je suis modeste.

### *A la petite Camille.*

A Fanfan Benoiton qui est bien sage tous les soirs et qui ne fourre plus ses doigts dans le nez de Parade.

*A mademoiselle Léonide Leblanc.*

A celle qu'on ne peut voir sans se sentir malade; à celle dont la beauté vous enivre; à la plus belle!

*A mademoiselle Jane Essler.*

Vous avez joué tristement un rôle triste..., je ne vous en veux pas.

Mais pourquoi toujours loucher et toujours soupirer?

*Est-ce l'air* que je vous avais priée de donner au personnage? Je ne le crois pas.

A vous néanmoins ce souvenir d'un auteur qui a le sac.

Je m'arrête ici.

Dimanche prochain, je t'offrirai, si ça ne t'ennuie pas trop, la suite de ces précieuses dédicaces, que je vais essayer de me procurer à prix d'or, afin d'en orner notre collection!

Il est bien entendu que je n'admets aucune réclamation de la part des intéressés des deux sexes.

Je préviens mon confrère de *l'Événement* que, s'il veut y mettre le prix, je suis tout prêt à lui céder les dédicaces de M. Amédée de Jallais à quelques déesses du théâtre Déjazet.

Il y en a de curieuses, d'instructives et d'amusantes.

Le tout m'a été adjugé au prix de 40 centimes à la salle Sylvestre, mercredi soir, par le ministère de Me Charles Pillet.

Que M. de Villemessant mette un franc vingt-cinq centimes, et je lui adjuge le lot à mon tour.

A l'heure actuelle, l'invention brille d'un vif éclat ; et, à propos de l'industrie qui chaque jour fait des pas de géant, on peut dire comme chez Nicolet : de plus fort en plus fort.

Sais-tu ce que vient d'inventer le successeur de M. Benoiton ?

Je te le donne en cent, en mille, en dix mille à deviner !

Eh bien ! cet honnête industriel a tout simplement perfectionné les sommiers à un tel point qu'au moyen d'un appareil caché, lorsque vous vous mettez au lit et que vous vous apprêtez à goûter les bienfaits d'un sommeil réparateur, la simple pression de votre corps sur les élastiques détermine une musique quelconque.

Il y en a pour tous les goûts.

Exemple :

*Il baccio* ou *Aï Chiquita* pour les jeunes mariés ;

La Marseillaise italienne pour les lecteurs du *Siècle;*

*Esprit saint, descendez en nous* pour les abonnés de *l'Union;*

La Ronde des *Filles de marbre* pour les petites dames et les jobards.

Avoue que nous n'avons plus rien à envier aux Romains de la décadence.

Nous n'en sommes pas encore arrivés aux lits de roses aux vomitoriums, aux navires ornés d'or et d'ivoire, aux cercueils en or massif, aux esclaves de Syrie; mais ne vous désespérez pas, ça viendra, ou plutôt ça reviendra.

Allons, en intitulant son nouveau volume, *les Français de la décadence*, Henri Rochefort a été dans le vrai.

---

LI

Paris, 1 10 février 1866.

Chère enfant,

Avant d'écrire au *Tintamarre*, j'étais un bonhomme des plus naïfs : j'admirais tout sans me rendre compte de rien, je trouvais du talent à M. Mélingue, de l'originalité à M. Janicot et de l'esprit à M. Glais-Bizoin.

Je me serais fait massacrer pour Victor Hugo,

j'aurais vendu jusqu'à mes bretelles pour assister à une première des Français, j'aurais étranglé le premier membre de l'Institut venu qui aurait eu la pensée de débiner devant moi Courbet ou Gustave Doré (les deux font la paire).

A l'âge de dix-huit ans, je publiais une brochure de 36 pages, intitulée *Lamartine*, qui se terminait ainsi, et j'en rougis :

« Lamartine travaille chaque jour comme un *mercenaire*, il chante comme Homère au déclin de sa vie, en sollicitant l'*obole* de ses concitoyens. Nous l'avons écouté, nous lui avons tendu la main, *tant mieux !*

» De cette façon, nous réparons nos fautes, bien faiblement, il est vrai, mais l'avenir est là, et qui sait ce qu'il nous réserve ? »

Quelle candeur ! quelle innocence ! quelle aberration !

Que les temps sont changés !

O mes bons instincts, ô mes douces croyances, êtes-vous assez loin, mon Dieu !

Tiens, je viens de parcourir *les Travailleurs de la mer*, j'ai voulu frissonner avec le grand poëte, m'émouvoir et pleurer à raison de cinq francs le volume : eh bien ! j'en suis encore, ou plutôt ma paupière en est encore à attendre la plus petite des larmes.

Les purs vont hausser les épaules ; et les messieurs à longues barbes, pour lesquels l'absinthe et Dinochau n'ont pas de mystères, sont déjà tout prêts à m'envoyer aux conférences de Théodore Pelloquet, tout prêts à croasser autour de moi.

Je m'en moque autant qu'un poisson de *la Pomme* de M. de Banville.

*Les Travailleurs de la mer* sont un joli four ; et, malgré les affiches jaunes, les coups de grosse caisse, et les réclames de M. Lacroix, la première édition aura grand'peine à s'enlever.

Grand poëte, excusez-moi, excusez ma rude franchise tintamarresque, mais je lis si souvent *Notre-Dame de Paris* et *les Misérables !*

On a fait un mot sur la préface des *Travailleurs de la mer*, que je prends la liberté de transcrire ici :

— Avez-vous lu la préface des *Travailleurs ?* demande X... à Z...

— Oui.

— N'êtes-vous pas de mon avis : en la lisant, chacun *guère ne sait* ce qu'il lit.

De Victor Hugo à M. Émile Augier, il y a quelque chose comme cinq cents lieues.

Peu m'importe, je franchis cet obstacle.

A mon tour, je veux causer un peu de *la Contagion*.

M. Émile Augier a du talent, chacun sait ça. De plus, c'est un veinard sur la tête duquel les lauriers s'amoncèlent avec une profusion incroyable.

M. Émile Augier n'a qu'à éternuer, et mille personnes à Paris s'empressent aussitôt de publier *urbi et orbi* que cet éternuement est un chef-d'œuvre.

Un manuscrit sous le bras, M. Émile Augier se présente-t-il n'importe où, vite on illumine la façade de la maison et on répand des fleurs sur son passage.

Je parie dix-sept sous que si demain il prenait la fantaisie à M. Émile Augier d'écrire un rôle pour Hamburger, ce dernier serait immédiatement engagé par M. Édouard Thierry.

M. Émile Augier est un enfant gâté, mais sa dernière œuvre laisse beaucoup à désirer.

Le soir de la première de *la Contagion*, l'Odéon était en liesse. Jamais ce monument funéraire où l'art dramatique se trouve si mal à l'aise, ne s'était vu à pareille fête.

L'administration avait probablement prévu cet état de choses, aussi avait-elle pris des mesures en conséquence pour n'admettre dans la salle que ses amis et connaissances.

Un mois avant cette première, j'ai voulu me faire inscrire sur la feuille de location. A cet effet, je m'étais adressé à un des gros bonnets de l'endroit, homme de relations charmantes.

On me répondit : Écrivez-moi dans une quinzaine de jours, et j'essaierai.

J'ai écrit deux lettres, je suis allé cinq ou six fois consulter la feuille de location, mais en vain.

J'ai gardé mon argent et M. de La Rounat son fauteuil.

Étrange! étrange! étrange!

A la seconde représentation, après trois heures d'attente, j'ai pu pénétrer dans le sanctuaire et écouter la pièce avec recueillement.

Heureux d'en être quitte à si bon marché, j'étais disposé à une bienveillance des plus grandes.

Il m'est impossible de transiger avec ma conscience, et je suis forcé d'avouer que *la Contagion* est loin de valoir *la Grâce de Dieu*.

Je ne suis pas, du reste, seul de cet avis.

Il est dit que cette semaine je ne prendrai la plume que pour enregistrer des décès, des chutes ou des restes.

Après *les Travailleurs*, après *la Contagion*, voici *Gabriel Lambert* et *les Chanteurs ambulants*, sans compter aux Délassements, où Commerson m'avait envoyé en mission extraordinaire, *Une pour toutes*, deux actes signés cependant d'un nom très-connu et très-apprécié au théâtre; — je le passe sous silence.

Cette nouvelle salle des Délassements est des plus coquettes; c'est une petite bonbonnière, où des acteurs qui ne sont pas trop mauvais, et des actrices qui ne sont pas trop laides, jouent la comédie avec conviction d'abord et avec un aplomb merveilleux ensuite.

J'ai retrouvé là, par exemple, un monde qui ne me

va pas du tout : des gandins et des cocottes à profusion. Je ne sais réellement pas comment toute une salle peut endurer les pasquinades, les contorsions, les grimaces, les miaulements de ces drôlesses et de ces cols cassés.

Cela se remue, se retourne, se balance, hurle et se donne du mal pour attirer l'attention du public,— cela devrait bien aller respirer un autre air que le nôtre et ne pas nous abrutir plus longtemps.

« Hier matin, dit *le Soleil,* au milieu du Champ de Mars, à la hauteur à peu près de la rue Saint-Dominique, on remarquait une grue de grande dimension, toute pavoisée ; au pied, était une énorme pièce de charpente de fer. »

La lecture de ces quelques lignes m'a fort réjoui. J'ai admiré la naïveté de ces braves habitants du Gros-Caillou, en même temps que le style vigoureux et la concision du nouvelliste de M. Millaud.

Cette grue, toute pavoisée, aurait certainement pu passer sur le boulevard, où nous en coudoyons tant, sans que sa présence fût remarquée, malgré l'énorme pièce de charpente déposée à ses pieds.

Au Gros-Caillou, où l'on ne rencontre guère que des invalides et des ouvrières de la manufacture des tabacs, la grue, au contraire, a produit une sensation immense. On nous assure même qu'à l'heure où nous écrivons cet article, des groupes nombreux circulent dans le quartier, mais l'ordre n'est pas troublé, fort heureusement, et aucune arrestation n'a été opérée.

J'ai reçu des offres brillantes : on me propose de faire une conférence.

Me vois-tu d'ici, moi, le séïde de Commerson, moi, ton grand chien aimé, devant un verre d'eau et quelques centaines de spectateurs conférant comme M. Samson ou M. Deschanel?

Tu crois peut-être que j'ai refusé?

Allons donc! tu ne me connais pas, je ne suis pas si Hippocrate que cela.

J'ai accepté tout de suite, et je me suis mis à la disposition du directeur pour tel jour qu'il lui conviendra.

Voici le sujet de ma première conférence : *De l'influence des écrevisses bordelaises et du palissandre sur les ouvrières en passementerie.*

Si je ne réussis pas, si je suis sifflé, je pars immédiatement pour la Suisse, où je ferai une nouvelle conférence sur... le mont Blanc.

Mais, en attendant, laisse-moi t'embrasser avec la même ardeur qu'Abailard embrassait Héloïse, alors que le dur Fulbert n'avait pas encore sévi.

## MA DERNIÈRE A NINI

Paris, 30 mars 1866.

Mon beau chien aimé,

Vois-tu, il faut en finir.

Cette missive sera donc la dernière que tu recevras par la voie du *Tintamarre*, auquel je n'appartiendrai plus dimanche prochain.

J'en ai assez de cette existence peu dorée et si peu confortable de petit journaliste. Nouveau Spartacus, quoique un peu plus maigre et ayant moins de biceps, je brise mes fers, je joue *la Fille de l'Air*.

Nous trouverons ailleurs, sois-en bien convaincue, les picaillons qui nous permettent de vivre honnêtement. Je sais bien le moyen de te payer encore du homard, du beaune première et des charlottes russes.

Ne te hâte donc pas de verser des pleurs inutiles. Ce n'est pas demain que la misère implacable et aux doigts crochus viendra nous remettre sa carte de visite cornée. Ce n'est pas demain non plus que tu auras à demander à la honte le pain, le fromage d'Italie et la poudre de riz de chaque jour.

J'inventerai plutôt un nouveau fil à couper le beurre, j'écrirai plutôt des articles badins pour *la Revue des Deux-Mondes*, ou des vaudevilles pour le Petit-Théâtre. J'irai même jusqu'à mesurer de la toile et du calicot ou à confectionner des faits divers pour *le Constitutionnel*.

Je boirai toutes les absinthes; je me vautrerai dans toutes les platitudes, plutôt que de te savoir à plusieurs autres.

Mais ma résolution est inébranlable, je ne veux plus appartenir à cette pléiade d'hommes d'esprit dont Commerson est le colonel et Edmond Thion l'officier payeur.

Tu ne sais pas ce que cela vous rapporte, la gloire éphémère de voir, huit années durant, sa prose vagabonder entre des bocks et des demi-tasses sur les tables des cafés, dans les salons du noble faubourg, dans la mansarde des Jenny l'ouvrière et dans l'alcôve des Cora Pearl?

Quatre ou cinq billets de mille et une réputation de viveur. Voilllà! Des crétins, vous jugeant à votre style débraillé, à vos allures tintamarresques, ne voyant du fruit que l'écorce, et jamais plus loin que le bout de leurs fosses nasales, s'imaginent que nous n'appartenons pas plus à ce monde que le dernier des crocodiles des rives du Gange.

Et puis, de lâches voyous spéculant là-dessus, s'en vont dans tout ce que Paris renferme de plus inutile, dans les cafés-concerts, dans les bals publics. Là ils s'affublent de notre nom, et, un beau matin, on se réveille avec des procès sur les bras et tout étonné de savoir qu'on a dansé un cancan échevelé au bal de la Boule-Écarlate, qu'on y a bu cinq litres, assommé quatre garçons, et traité le maître de l'établissement de forçat en rupture de ban.

Pour moi, voilà dix fois que la chose m'arrive, et je n'ai pu encore me trouver face à face avec le drôle qui jongle si facilement avec ma réputation.

Le jour heureux où le ciel, qui me doit tant de choses, m'accordera ce bonheur, je crois que je rirai bien et que mon Sosie passera un mauvais quart d'heure.

Ah! je l'avoue, ça me fera de la peine. J'aimais Commerson, ce vieillard affable, à l'humeur si fantasque, riant aux éclats à dix heures du matin, et pleurant toutes les larmes de son corps à midi moins le quart. J'étais habitué à sa bonne et à sa mauvaise humeur, à ses coups de boutoir et à ses coups d'encensoir. Je savais le prendre et me serais fait au be- besoin hâcher en morceaux pour lui, pour conserver à ses cheveux blancs leur virginité et à la petite presse parisienne son plus fidèle défenseur.

J'avais trop présumé de mes forces. C'est bien fini. n'en parlons plus.

Tu ne peux pas exiger de moi, après ce sacrifice, après cette confession, une gaieté déplacée; je vais être aussi plat, aussi nul qu'un volume de la *Biographie Michaud*.

Nous avons eu cette semaine, beau chien aimé, deux veines incroyables : Quelques drôlesses, vieux camélias plus que fanés, vieilles roses sans parfum, nous ont traînés dans la boue, et prétendent, à bout d'arguments, que nous avons bel et bien enterré la gaieté française.

Première veine, car parties de plumes semblables, lancées par des bouches aussi édentées que celles-là, de telles injures ne peuvent que nous attirer plus encore, si c'est possible, les sympathies du public honnête et intelligent auquel nous devons vingt-six années d'une existence glorieuse et pure.

Dans le dernier numéro du *Nain jaune*, M. Barbey d'Aurevilly s'exprime en termes des plus flatteurs sur le compte du *Tintamarre*.

Deuxième veine.

Celle-là m'étonne, et il faut que M. Barbey d'Aurevilly soit réellement bien convaincu pour chanter ainsi nos louanges sur une gamme aussi élevée. Vingt fois nous l'avons ici critiqué, et voilà comme il se venge : en homme d'esprit qui ne se préoccupe pas des attaques justes ou injustes dont il a été l'objet, mais qui, avant tout, dit loyalement ce qu'il pense de son ennemi d'hier, son ami d'aujourd'hui.

Pauvres cocottes qui pleurnichez dans *Colombine*, sous la conduite de quelque gamin de lettres sans ouvrage, vous pouvez nous ravaler à votre aise, venir déposer d'ironiques immortelles sur la tombe du *Tintamarre*, le vieil enfant gâté s'en moque comme de votre pathos et de vos fausses dents : il vit encore et il vit bien, parole d'honneur.

Passons.

Si je quitte *le Tintamarre*, mon beau bébé, cela ne veut pas dire que je renonce tout à fait à la littérature, à ses pompes, à ses œuvres.

La preuve, c'est que je viens de signer un traité avec M. de Villemessant qui éclipse celui de Jules Vallès. Je lui cède, moyennant 1,500 francs par jour, le droit de publier dans *l'Événement* mon roman, que tu as recopié de ta blanche menotte et intitulé :

LES TRAVAILLEURS DE LA MÈRE... MOREAU.

Hein! que de robes de soie sur la planche! quelle bonne paire de petits rentiers nous allons faire!

On en mangerait.

Deux livres que je te recommande en passant, et que tu dévoreras depuis la première ligne jusqu'à la dernière, dès que tu y auras mis le nez :

1° *Le Roman de deux jeunes mariés*, par Charles Joliet ;

2° *Un Assassin*, par Jules Claretie.

Après tout le bien qu'en ont dit mes confrères de la grande et de la petite presse, je m'abstiens de tout commentaire; j'arrive trop tard et je serais bien vite accusé de rabâcher à tort et à travers.

Ne t'habitue pas, toutefois, à de semblables cadeaux... ils sont rares aujourd'hui, les bons livres, presque aussi rares que les bonnes filles comme toi.

Au revoir, beau bébé, et deux millions de baisers pour toi toute seule.

FIN

# CATALOGUE

DE LA

## LIBRAIRIE

# ACHILLE FAURE

23, Boulevard Saint-Martin, 23

**A PARIS**

**OCTOBRE 1865**

# LIBRAIRIE ACHILLE FAURE

23, BOULEVARD SAINT-MARTIN

A PARIS.

## NOUVELLE COLLECTION A 1 FR.

**LES FRANCS-ROUTIERS**, par ANTONY RÉAL.
**LES TABLETTES D'UN FORÇAT**, par ANTONY RÉAL.
**LE COLONEL JEAN**, par H. DE LACRETELLE.
**LES PETITES CHATTES DE CES MESSIEURS**, par HENRY DE KOCK.
**L'AMOUR BOSSU**, par HENRY DE KOCK.
**LA NOUVELLE MANON**, par HENRY DE KOCK.
**GUIDE DE L'AMOUREUX A PARIS**, par HENRY DE KOCK.
**JEANNE DE VALBELLE**, par CASIMIR BLANC.
**LES ORNIÈRES DE LA VIE**, par JULES CLARETIE.
**SÉDUCTION**, par RAOUL OLLIVIER.
**UN MARIAGE ENTRE MILLE**, par VICTOR POUPIN.
**LES FINESSES DE D'ARGENSON**, par ADRIEN PAUL.
**NOS GENS DE LETTRES**, par ALCIDE DUSOLIER.
**LES CACHOTS DU PAPE**, par CH. PAYA.
**LA GUERRE DE POLOGNE**, par EUG. D'ARNOULT.
**IMPRESSIONS D'UN JAPONAIS EN FRANCE**, par RICHARD CORTAMBERT.
**FABLES NOUVELLES**, par ED. GRANGER.
**LA TÉLÉGRAPHIE ÉLECTRIQUE**, par PH. DAURIAC.
**NICETTE**, par ADRIEN PAUL.
**LES BRIGANDS DE ROME**, par EUG. D'ARNOULT.
**HISTOIRE DES PERSÉCUTIONS RELIGIEUSES EN ESPAGNE**, par DE LA RIGAUDIÈRE.
**LETTRES GAULOISES**, par ULISSE PIC.

**LE ROMAN D'UN ZOUAVE**, par Graux.
**INGENIO**, par Louis Chalière.
**LES SOIRÉES D'AIX-LES-BAINS**, par M<sup>me</sup> R..tazzi.
**RIEN NE VA PLUS — LA ROUGE ET LA NOIRE**, par Léon de Marancourt.
**LA PERTE D'UN TRÉSOR**, par Ernest Billaudel.
**SOUVENIRS D'UN ZOUAVE**, *campagne d'Italie*, par Louis Noir.
**LA FRANCE TRAVESTIE**, ou la Géographie apprise en riant. Reproduction exacte et complète en vers burlesques, se gravant facilement dans la mémoire, des 92 départements de France et d'Algérie, et de leurs 385 Préfectures et Sous-Préfectures.

## SOUS PRESSE

pour paraître prochainement.

**THÉRÉSA**, par Adrien Paul.
**L'ANGLAIS AMOUREUX**, par Adrien Paul.
**AMOUR PARTOUT**, par Adrien Paul.
**UN BAL A L'OPÉRA**, par Victor Poupin.
**MADAME LOUISE**, par Bénédict-Henri Révoil.
**LA MARE AUX OIES**, par Ernest Billaudel.
**LE TRAPPEUR DES KANSAS**, par Camille de Cendrey.
**LE PRISONNIER DES SIOUS**, par le même auteur.

---

Pour recevoir *franco* dans toute la France un des volumes de la collection à 1 fr., il suffit d'envoyer à M. ACHILLE FAURE la somme de 1 fr. 20 c. en timbres-poste.

# TABLE ALPHABÉTIQUE
## DU CATALOGUE
LA LIBRAIRIE ACHILLE FAURE, 23, BOULEVARD SAINT-MARTIN.

## ANONYMES.

**L'Empereur à l'Institut.** Une brochure in-8...... 1 fr.
**Dieu pour tous**, ou **La tolérance religieuse universelle.** Une brochure in-8.................................... 1 fr.
**Vive le luxe!** Réponse à M. Dupin. Une brochure in-8. 1 fr.
**Plan de Paris** (magnifique plan Furne), mis au courant de tous les derniers changements.

    En feuilles........................ 2 fr. 50
    Cartonné........................... 3 »
    Cartonné et collé sur toile............ 5 »

**La France travestie**, ou **la Géographie apprise en riant.** *Carte drôlatique et mnémonique*, reproduisant en vers burlesques la nomenclature exacte et complète des 92 départements de France et d'Algérie et de leurs 385 préfectures et sous-préfectures. 1 joli volume in-18 raisin, orné d'un frontispice illustré... 1 fr.
**Mémoires d'une biche anglaise.** 1 charm. vol. orné du portrait de l'héroïne des Mémoires (ouvrage épuisé).
**Une autre biche anglaise.** Suite du volume précédent. 3 fr.
**Mémoires d'une fille honnête**, avec le portrait de l'auteur gravé sur acier, par Staal. 1 vol....................... 3 fr.
**Mémoires d'une biche russe.** 1 vol................ 3 fr.
**Voyage à la lune**, d'après un manuscrit authentique projeté d'un des volcans lunaires. 1 vol., avec une gravure...... 3 fr.

## AMEZEUIL (C$^{te}$ D')
**Les Amours de contrebande.** 1 vol................ 3 fr.

## ARNOULT (EUGÈNE D').
**La Guerre de Pologne en 1863**, précédée d'une préface par ALFRED MICHIELS. 1 vol. in-18 jésus................ 1 fr.
**Les Brigands de Rome.** 1 vol..................... 1 fr.

## ASSOLANT. (ALFRED).
**Mémoires de Gaston Phébus.** (*Sous presse.*)

## ASTRIÉ.
**Les Cimetières de Paris**, guide topographique et artistique. 1 volume orné de 3 plans............................ 2 fr.

## BARBEY D'AUREVILLY.

**Un Prêtre marié.** 2 vol. in-18 jésus................ 6 fr.
Il a été tiré de ce livre quelques exemplaires papier de Hollande, au prix de 18 fr.
**Une Vieille maîtresse.** 1 vol....................... 3 fr.
Il a été tiré de ce livre quelques exemplaires grand papier, au prix de 6 fr.

## BARNUM.

**Les Blagues de l'univers.** 1 vol................... 3 fr.

## BERGERAT (Émile).

**Une amie,** comédie en 1 acte et en vers, représentée au Théâtre-Français................................................. 1 fr.

## BILLAUDEL.

**La Perte d'un trésor.** 1 vol........................ 1 fr.
**La Mare aux oies.** 1 vol............................ 1 fr.

## BLANC (Casimir).

**Jeanne de Valbelle,** roman de mœurs intimes d'un grand intérêt. 1 volume in-18 jésus, orné de 2 gravures sur bois.. 1 fr.

## BLANQUET (Rosalie).

**La Cuisinière des ménages.** 1 beau vol. cartonné... 3 fr.

## BONHOURE.

**Méthode de lecture.** 1 vol. cart................. 0 fr. 50 c.
**Premières lectures courantes.** 1 vol. cart.... 0 fr. 70 c.
**Premières lectures instructives.** 1 vol. cart.. 0 fr. 90 c.

## BRÉHAT (de).

**Un Mariage d'inclination.** 1 vol.................. 3 fr.
**La Sorcière noire.** 1 vol.......................... 3 fr.

## BRIDE (Charles).

**Amateur photographe,** *Guide usuel de photographie,* à l'usage des gens du monde; manuel essentiellement pratique, orné de nombreuses vignettes explicatives, et suivi d'un abrégé de chimie photographique............................ 3 fr.

## BROT (Alphonse).

**La Cousine du roi.** 1 vol.......................... 3 fr.

## BROUCHOUD.

**Les Origines du théâtre de Lyon.** 1 vol. in-8, imprimé avec luxe................................................... 5 fr.

## BUSSY (de).

**Dictionnaire de l'art dramatique.** 1 vol. ........ 4 fr.

## CAUVAIN (Jules) et Adrien ROBERT.

**Les Proscrits de 93.** 1 vol........................ 3 fr.

## CHALIÈRE (Louis).

**Ingenio.** 1 vol. in-18.................................................... 1 fr.

## CHARLES (Victor).

**La Béguine de Bruges.** 1 vol. in-32..................... 1 fr.

## CHASLES (Philarète).

*En préparation :* Ouvrage nouveau sur les questions actuelles de littérature, politique, religion, etc. Nouvelle édition des œuvres complètes.

## CIMINO.

**Les Conjurés,** roman trad. de l'italien par M. Chenot, 2 vol 6, fr.

## CLARETIE (Jules).

**Les Ornières de la vie.** 1 volume in-18 jésus, orné de deux vignettes sur bois................................................ 1 fr.
**Un Assassin.** 1 vol............................................... 3 fr.
**Voyages d'un Parisien.** 1 vol............................... 3 fr.

## COMETTANT (Oscar).

**En Vacances.** 1 beau et fort volume in-18 jésus, orné de deux grandes vignettes sur bois......................................... 3 fr.
**L'Amérique telle qu'elle est.** Voyage anecdotique de Marcel Bonneau aux États-Unis et au Canada. 1 beau volume in-18 jésus, avec deux jolies vignettes sur bois............................ 3 fr.
**Le Danemark tel qu'il est,** ses mœurs, ses coutumes, ses institutions, ses musées, souvenirs de la guerre, etc. 1 vol. 4 fr.
**Un petit rien tout neuf.** 1 vol. in-18 jésus............ 3 fr.

## CONTY (de).

**Paris en poche.** Guide pratique dans Paris, illustré de nombreuses gravures. Un volume élégamment cartonné...... 4 fr.
**Londres en poche.** Guide pratique du voyageur à Londres. 1 volume élégamment cartonné................................. 4 fr.
**Plan de Londres.** Guide indicateur instantané...... 1 fr. 25
**Les bords du Rhin en poche.** Guide pratique et illustré. 1 volume élégamment cartonné................................. 5 fr.
**Guides pratiques des voyages circulaires,** rédigés sous les auspices des Compagnies.

    Belgique et Hollande........................ 2 fr. 50
    Belgique............................................ 2 fr. 50
    Bords du Rhin................................. 2 fr. 50
    L'Oberland Bernois........................... 2 fr. 50
    La Suisse et le duché de Bade........... 2 fr. 50
    Bruxelles.......................................... 1 fr. »

## CORTAMBERT (Richard).

**Impressions d'un Japonais en France.** 1 vol. in-18 jés. 1 fr.
**Aventures d'un Artiste dans le Liban.** 1 vol.... 3 fr.

## DASH (Comtesse).

**Le Petit Chien qui sème des perles.** 1 vol........ 3 fr.

## DAURIAC.

**a Télégraphie électrique,** son histoire, ses applications en France et à l'étranger, suivie d'un tableau des tarifs internationaux et d'un manuel pratique de l'expéditeur de dépêches. 1 vol. in-18 jésus.................................... 1 fr.

## DELVAU.

**Françoise.** 1 joli volume in-32 jésus, avec une eau-forte de Thérond................................. 1 fr. 50
Il a été tiré de ce livre 22 exemplaires numérotés, sur papiers de Chine et de Hollande.
**Le grand et le petit trottoir.** 1 vol.............. 3 fr.
**Du pont des Arts au pont de Kehl.** 1 vol......... 3 fr.
**Le Fumier d'Ennius.** 1 v. in-18 jés., av. une eau-forte. 3 fr.
Il a été tiré de ce livre deux exemplaires sur papier de Hollande à 8 fr.

## DESCODECA DE BOISSE.

**Louis de France** (Louis XVII), poëme épisodique suivi de documents historiques et justificatifs. 1 beau volume in-8º, imprimé à l'Imprimerie Impériale................... 7 fr. 50

## DESLYS (Charles).

**Les Bottes vernies de Cendrillon.** 1 vol........ 3 fr.

## DUSOLIER (Alcide).

**Nos Gens de lettres,** *critiques et portraits littéraires.* 1 vol. in-18 jésus........................................ 1 fr.

## EMMANUEL.

**De la Madeleine à la Bastille,** vaudeville en un acte.
1 fr.

## ÉNAULT (Étienne).

**Scènes dramatiques du mariage.** 1 vol. in-18 jésus. 3 fr.

## ÉNAULT (Étienne) et Louis JUDICIS.

**L'Homme de minuit.** 1 vol...................... 3

## EYMA (Xavier).

**La Mansarde de Rose.** 1 vol......................

## FEUTRÉ (Angély).

**ne Voix inconnue.** 1 volume.................... 2 fr. 50

## FÉVAL (Paul).

**Les Mystères de Londres**, édition revue avec le plus grand soin par l'auteur. 2 vol. ............................ 6 fr.
**L'Homme de fer.** 1 vol........................... 3 fr.

## GAGNEUR.

**La Croisade noire.** 1 fort volume in-18 jésus....... 3 fr. 50

## GONZALÈS (Emmanuel).

**Les Sabotiers de la forêt Noire.** 1 vol. in-18 jésus, orné de deux vignettes.................................. 3 fr.
**Les Sept baisers de Buckingham.** 1 vol. in-18 jésus. 3 fr.
**Le Vengeur du mari.** (*Sous presse.*)

## GOUDAL (Louis).

**L'Hermine de village**............................ 3 fr.

## GOURDON DE GENOUILLAC.

**Comment on tue les femmes.** 1 vol. in-18 jésus.... 2 fr.

## GRANDET.

**Donaniel**, poésies. 1 vol. imprimé avec luxe......... 3 fr. 50

## GRANGER (Ed.).

**Fables nouvelles.** 1 vol. in-18 jésus................ 1 fr.

## GRAUX.

**Le Roman d'un zouave.** 1 vol..................... 1 fr.

## GRAVILLON (Arthur de).

**A propos de bottes.** 1 vol. in-8, avec 85 vignettes et une eau-forte................................................ 3 fr.
**J'aime les morts.** 1 vol. imprimé par Perrin, de Lyon. 6 fr.
**De l'Oisiveté incomprise.** Une brochure........... 1 fr.

## GUIGNOL (Théâtre de).

Un beau vol. in-8°, imprimé avec luxe par Perrin, de Lyon. 10 fr.
Exemplaires papier de Hollande...................... 25 fr.

## HALT (Robert).

**Une cure du docteur Pontalais.** 1 vol..

## HILLEMACHER.

**Troupe de Voltaire.** 1 vol. in-8°, avec 41 portraits, imprimé par Perrin, de Lyon.................... 40 fr.
**La Troupe de Talma.** 1 vol. in-8°, imprimé par Perrin, de Lyon.................................... 40 fr.

## HOCQUART.

**Le Vétérinaire pratique,** traitant des soins à donner aux chevaux, aux bœufs, aux moutons, aux chiens, et en général à tous les animaux de basse-cour ; 6ᵉ édit., revue et augmentée. 3 fr.
**La Tenue des livres pratique.** 1 fort volume in-12. 3 fr.

## JOLIET (Ch.).

**Le Médecin des dames.** 1 vol.................... 3 fr.
**Le Roman de deux jeunes mariés.** 1 vol......... 3 fr.

## KOCK (Henry de).

**Les Mémoires d'un cabotin.** 1 vol., avec 3 grav.... 3 fr.
**La Voleuse d'amour.** 1 vol., avec 5 grav.......... 3 fr.
**Les Accapareuses.** 1 vol., avec 2 grav............ 3 fr.
**Le Roman d'une femme pâle.** 1 vol., avec une eau-forte de F. Hillemacher................................. 3 fr.
**Les Petites Chattes de ces Messieurs.** 1 vol. in-18 jésus, avec une gravure. Nouvelle édition........... 1 fr.
**L'Amour bossu.** Nouvelle édition.................. 1 fr.
**La Nouvelle Manon.** 1 vol....................... 1 fr.
**Guide de l'amoureux à Paris.** 1 vol. avec une vign. 1 fr.

## LACRETELLE (Henri de).

**Le Colonel Jean.** 1 vol.......................... 1 fr.

## LAMARTINE.

**Recueillements poétiques.** 1 vol. in-8........... 1 fr. 50
    —      —     1 vol. in-18 jésus....... 1 fr.

## LARCHER.

**Un dernier mot sur les femmes.** 1 vol. in-32 jésus. 0 fr. 75

## LECOMTE.

**Mademoiselle Déjazet.** 1 vol..................... 1 fr.
**Frédérick Lemaitre.** 1 vol....................... 1 fr.

## LEFEUVE.

**Les anciennes Maisons de Paris sous Napoléon I**
60 livraisons réunies en quatre beaux vol. suivis d'une table concordance.................................................. 20
Tome V<sup>e</sup>, formant le complément et la fin de l'ouvrage.... 5

## LÉO (André).

**Un Mariage scandaleux.** 1 volume................ 3 fr.
**Une vieille Fille.** 1 vol. in-18 jésus, avec une vignette. 2 fr.
**Les deux Filles de M. Plichon.** 1 vol............ 3 fr.
**Jacques Galéron.** 1 vol....................... 1 fr. 50.
**Observations d'une mère de famille à M. Duruy.**
Brochure in-8................................... 1 fr.

## LÉO LESPÈS (Timothée Trimm).

**Avant de souffler sa bougie.** 1 vol. in-18 jésus...... 3 fr.
**Spectacle vu de mon fauteuil.** 1 vol............... 3 fr.

## LESCURE (M. de).

**Les Amours de Henri IV.** 1 beau et fort vol. in-18 jésus, orné de quatre beaux portraits historiques, dessinés par Boullay et Eug. Forest, d'après des originaux du temps........... 4 fr.

Il a été tiré de ce livre cent exemplaires de luxe numérotés. Il reste à vendre seulement quelques exemplaires sur vélin, à 8 fr.

**Les Amours de François I<sup>er</sup>.** 1 vol. avec une eau-forte. 3 fr.

Il a été tiré de ce livre dix exemplaires numérotés (1 à 10) sur chine, à 20 fr.; dix (11 à 20) sur papier de Hollande, à 18 fr.; quarante (21 à 60) sur beau jésus vélin, à 6 fr.

**Lord Byron.** 1 vol............................. 3 fr.

## LOTHIAN (Marquis de).

**La Question américaine.** 1 vol. in-8 .............. 6 fr.

## MALO (Ch.).

**Femmes et Fleurs,** rose à douze feuilles, *petites photographies badines.* 1 très-joli volume in-32 jésus............... 1 fr. 50

## MARANCOUR (de).

**Rien ne va plus. — La Rouge et la Noire.** 1 vol. jésus..................................................
**Confessions d'un commis-voyageur.**............
**Confidences d'un garçon du Café Anglais.** 1 vol.

## MARCHEF GIRARD (M^me).
Des **Facultés humaines** et de leur développement par l'éducation. 1 vol. in-8.................................. 7 fr. 50

## MARESCHAL.
Le **Coffret de Bibliane.** 1 volume de Nouvelles..... 1 fr.

## MARGRY.
**Belin d'Esnambuc et les Normands aux Antilles.** 1 vol. in-8.......................................... 2 fr. 50

## MARX (Adrien).
**Romans du wagon.** 1 vol............................. 3 fr.

## MIE D'AGHONNE.
Le **Mariage d'Acbette.** 1 vol........................ 3 fr.

## MINORET (Eugène).
**L'Oraison dominicale.** 1 vol. in-32 jésus, imprimé avec luxe par Perrin, de Lyon.................................. 4 fr.

## MOLÉRI.
**La Terre promise.** 1 vol. (Sous presse).............. 3 fr.

## MORNAND (Félix).
**L'Italie.** 1 vol..................................... 3 fr.

## MOLIÈRE.
Nouvelle édition imprimée par Perrin, de Lyon, avec une eau forte en tête de chaque acte. 6 vol. à 20 fr. chaque.
Les deux premiers volumes sont en vente.

## MONSELET (Ch.).
**De Montmartre à Séville.** 1 vol.................... 3 fr.
**Portraits après décès.** 1 vol...................... 3 fr.

## MONTEMERLI (Comtesse Marie).
**Entre deux Femmes.** 1 vol. in-18 jésus............. 3 fr.

## NADAUD.
**Chansons;** nouvelle édition contenant toutes les nouvelles chansons. 1 vol. in-18 jésus............................ 4 fr.

## NOIR (Louis).
**Souvenirs d'un zouave,** *campagne d'Italie.* 1 vol..... 1 fr.

### NOIRIT (Jules).

● : vol. .................................................... 3 fr.

### OLLIVIER (Raoul)

Séduction. 1 vol. in-18 jésus........................ 1 fr.

### PAUL (Adrien).

Les Finesses de d'Argenson. 1 vol. in-18 jésus, orné de
    de ix vignettes sur bois.............................. 1 fr.
Nicette. 1 vol............................................... 1 fr.
Thérésa. 1 vol............................................... 1 fr.
L'Anglais amoureux. 1 vol............................. 1 fr.
Amour partout. 1 vol.................................... 1 fr.

### PAYA (Ch.).

Les Cachots du Pape. 2ᵉ édition. 1 vol. in-18 jésus.. 1 fr.

### PIC (Ulysse).

Lettres gauloises. 1 vol. in-18 jésus................. 1 fr.

### PONSON DU TERRAIL (Vicomte).

Le Trompette de la Bérésina. 1 vol................ 3 fr.

### POUCEL (Benjamin).

Les Otages de Durazno, souvenirs du Rio de la Plata. 1 vol.
    in-8.................................................... 6 fr.
Mes Itinéraires au Rio de la Plata. Une brochure in-8. 1 fr.

### POUPILLIER.

Une Ode de Sapho. Comédie en deux actes et en vers. 1 vol.
    in-8º..................................................... 2 fr.

### POUPIN (Victor).

Un Chevalier d'amour. 1 vol. in-18 jésus......... 3 fr.
Un Mariage entre mille................................. 1 fr.
Un Bal de l'Opéra. 1 vol................................ 1 fr.

### POURRAT.

Vercingétorix. Étude dramatique en prose et en vers. 1 vol. 3 fr.

### PRUDHOMME SULLY.

oëmes. 1 volume de poésies...................... 3 fr.

En vente à la même librairie

## NOUVELLE COLLECTION A 1 FR.

Les Francs Routiers, par Antony Réal.
Les Tablettes d'un Forçat, par Antony Réal.
Les Petites Chattes de ces Messieurs, par Henry de Kock.
L'Amour bossu, par Henry de Kock.
La Nouvelle Manon, par Henry de Kock.
Guide de l'Amoureux à Paris, par Henry de Kock
Jeanne de Valbelle, par Casimir Blanc.
Les Ornières de la Vie, par Jules Claretie.
Séduction, par Raoul Ollivier.
Un Mariage entre mille, par Victor Poupin.
Un Bal à l'Opéra, par Victor Poupin.
Le Colonel Jean, par H. de Lacretelle.
Nicette, par Adrien Paul.
Les Finesses de d'Argenson, par Adrien Paul.
Thérésa, par Adrien Paul.
Histoires émouvantes, par Ch. Barbara.
Nos Gens de Lettres, par Alcide Dusolier.
Les Cachots du Pape, par Ch. Paya.
La Guerre de Pologne, par Eug. d'Arnoult.
Les Brigands de Rome, par Eug. d'Arnoult.
Impressions d'un Japonais, par Richard Cortambert
Ingenio, par Louis Chalière.
Histoire d'un Trésor, par Ernest Billaudel.
Souvenirs d'un Zouave (Campagne d'Italie), par Louis Noir.
Bill-Biddon, le trappeur du Kansas, par C. de Cendrey.
Natt-Todd, le prisonnier des Sious, par le même auteur.
Fables nouvelles, par Ed. Granger.
La Télégraphie électrique, par Ph. Dauriac.
Rien ne va plus, par Léon de Marancourt.
Persécutions religieuses en Espagne, par de la Rigaudière.
Lettres gauloises, par Ulysse Pic.
Soirées d'Aix-les-Bains, par M<sup>me</sup> Rattazzi.
La France travestie, ou la Géographie apprise en riant.